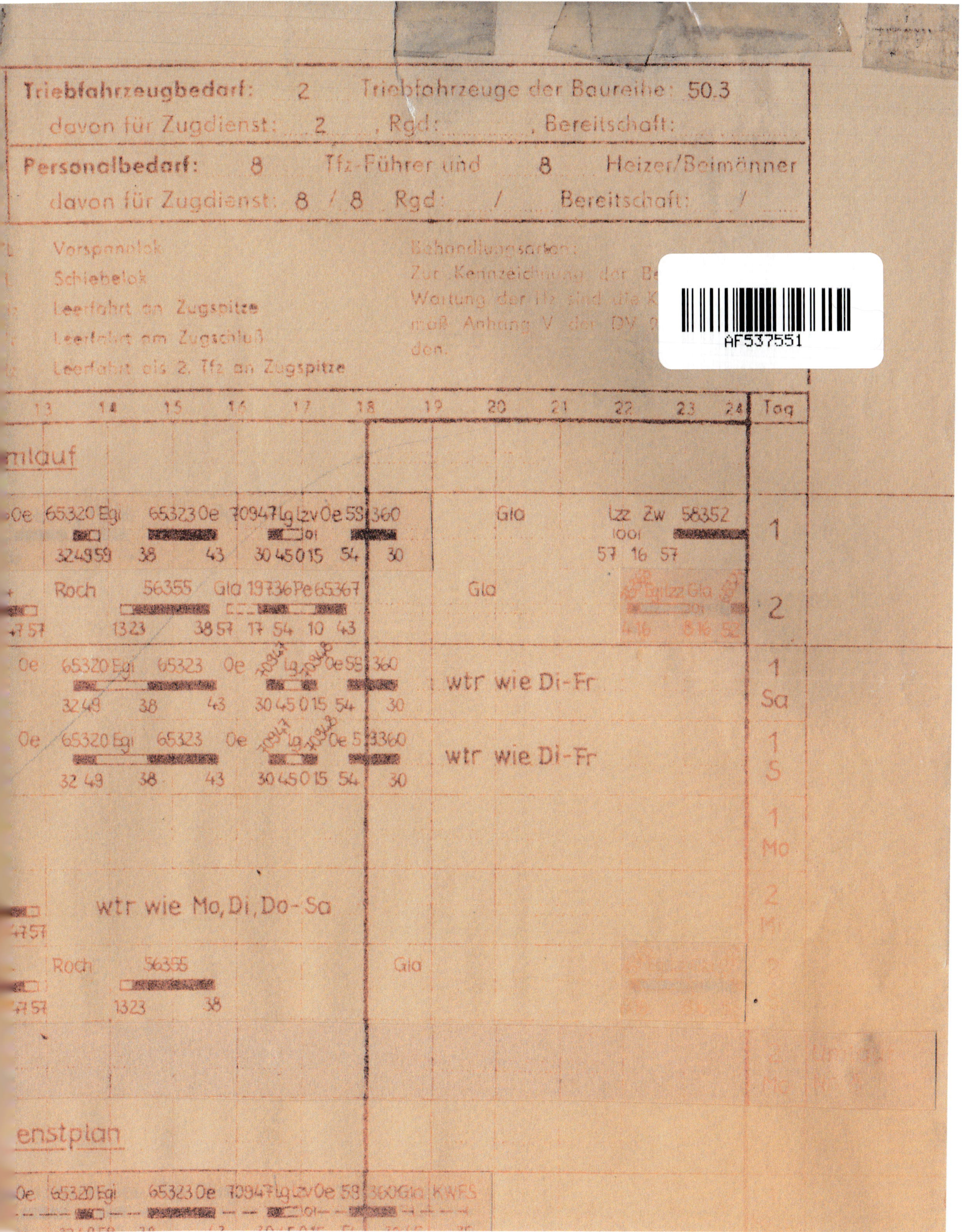

Triebfahrzeugbedarf: 2 Triebfahrzeuge der Baureihe: 50.3

davon für Zugdienst: 2 , Rgd: , Bereitschaft:

Personalbedarf: 8 Tfz-Führer und 8 Heizer/Beimänner

davon für Zugdienst: 8 / 8 Rgd: / Bereitschaft: /

Vorspannlok

Schiebelok

Leerfahrt an Zugspitze

Leerfahrt am Zugschluß

Leerfahrt als 2. Tfz an Zugspitze

Behandlungsarten:

Zur Kennzeichnung der Be…

Wartung der Tfz sind die K…

maß Anhang V der DV 9…

den.

AF537551

13	14	15	16	17	18	19	20	21	22	23	24	Tag

…mlauf

Züge	Tag
Oe 65320 Egi 65323 Oe 70947 Lg Lzv Oe 58360 Glo Lzz Zw 58352 — 32 49 59 38 43 30 45 0 15 54 30 57 16 57	1
Roch 56355 Glo 19736 Pe 65367 Glo Lz Lzz Glo — 47 57 13 23 38 57 17 54 10 43 4 16 8 16 52	2
Oe 65320 Egi 65323 Oe Lg Oe 58360 — 32 49 38 43 30 45 0 15 54 30 — wtr wie Di-Fr	1 Sa
Oe 65320 Egi 65323 Oe Lg Oe 58360 — 32 49 38 43 30 45 0 15 54 30 — wtr wie Di-Fr	1 S
	1 Mo
wtr wie Mo, Di, Do-Sa — 47 57	2 Mi
Roch 56355 Glo — 47 57 13 23 38	2 S
	2 Mo — Umlauf Nr.

…enstplan

Oe 65320 Egi 65323 Oe 70947 Lg Lzv Oe 58360 Glo KWFS

Dampflokzeit in Glauchau

Facetten einer deutsch-deutschen Freundschaft

Ingo Thiele

IMPRESSUM

Bildnachweis:
Die Fotos in diesem Buch stammen – wenn nicht anderes angegeben – vom Verfasser.

Eine Haftung des Autors oder des Verlages und seiner Beauftragten für Personen-, Sach- und Vermögensschäden ist ausgeschlossen.

ISBN 978-3-937496-79-5
Copyright © 2017
by Bildverlag Böttger GbR
W.I.T. der Gewerbepark
Witzschdorfer Hauptstr. 94
09437 Witzschdorf

1. Auflage 2017

Sie finden uns im Internet unter:
www.boettger-bildverlag.de

Gestaltung: grafik.design, Claudia Vogt, Spenge

Nachdruck, auch einzelner Teile, ist verboten. Das Urheberrecht und sämtliche weiteren Rechte sind dem Verlag vorbehalten.

Fotos Titel
Gera-Süd, Juli 1980, Einheizen für die Steigung nach Ronneburg.

Klaus Schwarzenberg (rechts) mit Sohn Frank auf 50 3523 22. April 1987, St. Egidien (Foto: Volker Fröhmer)

Foto Rücktitel
86 1333 am 18. September 2015, eine alte Bekannte hat zurückgefunden und präsentiert sich in ihrer ganzen frischen Pracht auf dem Laufsteg des Bw Glauchau, ihre Bewunderer mit den geschliffenen Linsen und auch ihre alten Pfleger sind zur Stelle.

Foto Innentitel
Die Tage der dampfbespannten Sandzüge im Muldental sind gezählt, kein halbes Jahr mehr, und die Herrlichkeit ist vorbei. Aber jetzt halten wir noch einmal die Nase in den Wind der Vergangenheit ...
50 3551, 20. Oktober 1987, Gag 56353, bei Penna (Foto: Volker Fröhmer)

Foto rechts
50 3697 mit N 65319 kurz vor dem Haltepunkt Rödlitz-Hohndorf, am Vortag des Heiligen Abends 1984. (Foto: Volker Fröhmer)

50 3697-5

Oelsnitz, April 1981

INHALT

Freundschaft, das ist wie Heimat

(Kurt Tucholsky)

Gewidmet Dir, lieber Klaus, und Deiner treuen Ehefrau Hildegard,
Euren Kindern und Kindeskindern
und Allen, die mit Euch freundschaftlich verbunden sind.

Spenge, im Dezember 2016

▲ *Im Tal der Mulde, der Zwickauer, es gibt ja noch die Freiberger, rollt 50 3523 mit N 65367 bei Wolkenburg nach Glauchau in Richtung Schichtende. Dass diese überaus reizvolle Strecke heute stillgelegt ist, kann einem das Herz brechen. Doch noch liegen die Schienen, es gibt Menschen, die sich um ihren Erhalt bemühen, und dennoch, ohne eine größere Investition lässt sie sich nicht wieder zum Leben erwecken. Streckenstilllegungen gab es in der DDR kaum, von ein paar schmalspurigen einmal abgesehen, und dass diese Schiene zum Radweg werden soll, kann doch nur die zweitbeste Lösung sein.*
April 1987

▶ *Noch gibt es Hoffnung für diese herrliche Bahnstrecke, und wenn sie auch nur durch dieses kleine Gefährt symbolisiert wird. Der Förderverein Muldentalbahn e.V. strebt die Wiederinbetriebnahme der Gesamtstrecke an. Andere Interessen gehen eher in Richtung Radweg, aber solange der Schienenweg genutzt wird, also etwa Trassen bestellt werden, kann die Strecke nicht abgebaut werden.*
Göhren, 27. Juli 2013 (Foto: Thomas Böttger)

Die Faszination der Dampflok hatte mich bereits als Kind ergriffen, eine chronische Leidenschaft ohne Heilungsaussichten, wie mir nicht erst seit heute klar ist und wie viele andere „Leidensgenossen" bestätigen können. Diese urtümliche Maschine, sozusagen der erste Motor auf Rädern, auf die fotografische Platte zu bannen, war mein stetes Anliegen seit den Jahren der ausgehenden Kindheit. Immer auf der Suche also nach den letzten Dampfrössern treibt es mich schließlich in die DDR. Dort treffe ich in einer unerwarteten Situation einen Glauchauer Lokführer. Ein offener, herzlicher Mensch, der mich auf meiner nächsten Reise zu sich nach Hause einlädt.

Die meisten Begegnungen mit fremden Menschen bleiben folgenlos oder verharren auf einer oberflächlichen Ebene. Einige wenige jedoch entwickeln sich und werden zu beständigen Knoten in unserem Lebensnetz. Nie hätte ich damit gerechnet, dass aus dieser zufälligen Begegnung einmal ein fester Bestandteil meines Lebens werden würde. Und wie sie das wurde. Eine Geschichte, wie sie zwischen Deutschen aus Ost und West zu Zeiten des Eisernen Vorhangs sicher nicht einzigartig, wohl aber eher selten war.

Am Anfang stand die Dampflok, deren maschinentechnische Ausstrahlungskraft den Reisenden in den Osten trieb, und am Ende fand sich dieser hineingenommen in das Leben einer Eisenbahnerfamilie in Sachsen.

Akteure in diesem kleinen Stück deutsch-deutscher Beziehungen sind Menschen, die mit der Eisenbahn zu tun haben, direkt oder indirekt, Eisenbahner aller Couleur, Dampflokführer, Heizer – und ihre Familien. Die Eisenbahn brachte uns zusammen, genauer gesagt, die Dampflok, denn ihr waren wir, die Fotografen, mit der Kamera auf den Fersen. In der DDR hatte sich, von bestimmten äußerst eifrigen Exemplaren loyaler Staatsbürger nicht ganz unbemerkt, in den 70er und 80er Jahren eine kleine Nische gebildet, in der sich Menschen aus Ost und West begegneten, weil sie über die Dampflok zueinander fanden. Eine Handvoll Fotografen aus dem wohlhabenderen Teil Deutschlands bereiste die kleine deutsche Republik, welche es verpasst hatte den Westen zu überholen, wohl häufiger als die eigene Heimat. Die DDR wurde in diesen Jahren für uns eisenbahnbegeisterte Fotografen zum Land der Dampfloks, im anderen Teil Deutschlands war alles zu finden, was das Herz dieser Schar derart speziell Interessierter begehrte.

In Westeuropa war die Zeit der Feuerrösser im Wesentlichen vorbei, es galt also neue Ziele anzusteuern. Den Sprung nach Ost- und Südosteuropa oder gar über den Bosporus, geschweige denn nach Übersee oder den Fernen Osten, wagten jedoch nur sehr wenige in dieser Zeit, wenngleich dort noch eine nennenswerte Zahl von Dampfloks und attraktive Strecken warteten. Die wenigen Berichte aus den Ländern des Ostblocks waren nämlich alles andere als einladend, streng überwachte Fotografierverbote und Verhaftungen von der Straße weg hielten viele von derartigen Reisen ab. Fotografieren von Eisenbahnen im „roten" Teil der Weltkarte war eben nicht jedermanns Sache, dazu gehörte schon eine überdurchschnittliche Portion Frechheit und Mut. Die Wahl fiel also für die meisten ambitionierten Fotografen nicht nur deutscher Herkunft auf die DDR. Für unsereins im doppelten Sinne naheliegend, möchte man meinen, obwohl auch dort das Fotografieren nicht ohne Risiko war, wenngleich geringer als anderswo im Ostblock. Die ersten Schritte in dieses „fremde Land" mussten schon noch unter Überwindung einiger mehr oder minder schwer wiegender Bedenken und mit einer gerüttelten Portion Vorsicht getan werden, ehe so etwas wie eine Routine die Risiken unseres Tuns relativierte und das Vergnügen erst so richtig zum Zuge kommen ließ. Familienangehörige in der DDR hatten wohl die wenigsten dieser Ostreisenden in Sachen Dampf. Das Problem war: Wie komme ich an die Einreisepapiere? Wer im grenznahen Bereich wohnte

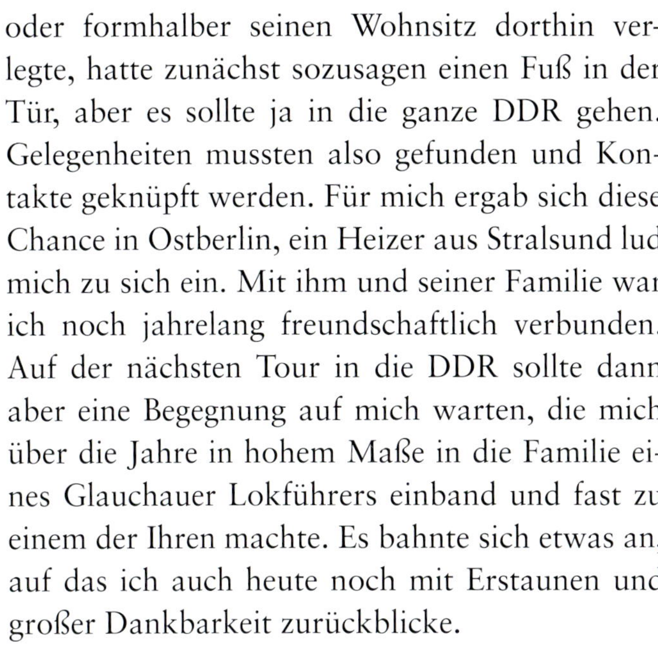

Zum Tag des Eisenbahners am 16. Juni 1990 hat sich eine erlauchte Runde im Bw Glauchau versammelt, um an die Zeit der Dampflokomotiven zu erinnern.

oder formhalber seinen Wohnsitz dorthin verlegte, hatte zunächst sozusagen einen Fuß in der Tür, aber es sollte ja in die ganze DDR gehen. Gelegenheiten mussten also gefunden und Kontakte geknüpft werden. Für mich ergab sich diese Chance in Ostberlin, ein Heizer aus Stralsund lud mich zu sich ein. Mit ihm und seiner Familie war ich noch jahrelang freundschaftlich verbunden. Auf der nächsten Tour in die DDR sollte dann aber eine Begegnung auf mich warten, die mich über die Jahre in hohem Maße in die Familie eines Glauchauer Lokführers einband und fast zu einem der Ihren machte. Es bahnte sich etwas an, auf das ich auch heute noch mit Erstaunen und großer Dankbarkeit zurückblicke.

Lassen Sie sich mitnehmen in den ganz „nahen Osten“, das damals andere, unbekannte Deutschland und durchschreiten Sie ein Jahrzehnt, in dem sich im Focus der Dampflok einiges tat zwischen den dampflokhungrigen Fotografen aus dem Westen und den Männern im Osten, die die Objekte unserer Begierde bedienten. Es waren wildfremde Menschen aus Ost und West, die sich kennen lernten, einander näher kamen und sich bis heute nicht aus den Augen verloren haben. Eine von diesen nicht ganz alltäglichen Geschichten wird hier erzählt aus der Sicht des Besuchers aus dem Westen, von der ersten Begegnung auf dem Führerstand einer Dampflok bis in die Tage der Gegenwart.

▲ *Modellbahnidylle im Maßstab 1:1 – 95 0016 kullert gemächlich Richtung Sonneberg. Die Strecke war der Lok würdig, oder umgekehrt, zahllose Fotostellen bot sie, wenn auch nicht alle leicht zu erreichen, und dann immer aufpassen auf die Grenze, die Warnschilder, um nicht unversehens in eine verbotene Straße zu fahren und damit streng verbotenes Terrain zu betreten. Es gab Mutige, aber dazu gehörte ich nicht, mir reichte das auch so, war sowieso alles mehr als das in der zur Verfügung stehenden Zeit zu Bewältigende. War es nicht schon mutig genug, dieses Land überhaupt zu betreten? Und diejenigen, die diesen Mut nicht hatten, beißen sich natürlich heute in den ...*

Lauscha, Juli 1980

Nicht immer war es leicht, das Erlebte so zu beschreiben, dass auch und gerade die Innenseite des Geschehens angemessen zur Sprache kommt. Dokumentieren und deuten, berichten und erzählen – in diesem Spannungsfeld bewegte ich mich während der monatelangen Niederschrift. Es ist ein persönliches Buch geworden, auch ein emotionales, das Erlebte ließ mir eigentlich keine andere Wahl, alles andere wäre am Wesentlichen vorbeigegangen. Neben die Leidenschaft für die Dampflokomotive trat immer mehr der Blick auf die Menschen, denen ich bei meinem fotografischen Tun begegnete. Dass sich daraus beständige Beziehungen und vertrauensvoller Umgang entwickelten, war nicht vorauszusehen und letztlich einer Reihe von Umständen zu verdanken, auf die unser Einfluss nur beschränkt war. Was wir aber machen konnten, sicher auf der Grundlage

▲ *Zugkreuzung in Neudorf, Schmalspuridylle im Erzgebirge, quasi am Vortag der Revolution. Gorbatschow hat seine Deutschlandreise beendet, und nach der Unterzeichnung zahlreicher Verträge sagte einer der an den Verhandlungen Beteiligten, es fehle eigentlich nur noch der Abriss der Mauer.*
Juli 1989

einer bereits früh spürbaren Sympathie, haben wir getan, haben uns schätzen gelernt, Chancen genutzt, ein hohes Maß an authentischer Persönlichkeit gelebt und sind einander vorbehaltlos begegnet. Gegenseitige Empathie und der Verzicht auf kurzschlüssiges Schubladendenken waren dafür eine wichtige Voraussetzung. So hält bis heute, dreieinhalb Jahrzehnte lang, was wir damals pflanzten, und auch wenn das letzte Dampfross seinen letzten Schnaufer getan haben sollte, was zum Glück nicht passiert, werden wir einander verbunden sein, und der Dampflok bedürfte es nun nicht mehr.

Aber natürlich ist dies auch ein Bilderbuch mit Fotos, die das Auge des Betrachters hoffentlich erfreuen, vielleicht auch, weil man das eine oder andere wiedererkennt und die Vergangenheit für einen Moment wieder gegenwärtig wird.

HIER UND DA JEMAND ZU WISSEN,
DER MIT UNS ÜBEREINSTIMMT,
MIT DEM WIR STILLSCHWEIGEND FORTLEBEN –
DAS MACHT UNS DIESES ERDENRUND ERST
ZUM BEWOHNTEN GARTEN.

(Johann Wolfgang von Goethe)

Tag der Deutschen Einheit

Es ist Donnerstag, der 3. Oktober 1991, blutjunger, nationaler Feiertag. Sie kommen! Es konnte kein besserer Tag sein für ihre Ankunft. Noch ist die Erinnerung frisch an die umwälzenden, weltgeschichtlichen Ereignisse. Die deutsch-deutsche Grenze ist Geschichte, ja, aber es wird noch sehr lange dauern, bis wieder zusammengewachsen ist, was einst zusammengehörte, bis die Grenze aus den Köpfen der Menschen verschwunden ist. Die mahnende Erinnerung hat stattzufinden wie auch das Erleben der wiedergewonnenen Gemeinschaft zu fördern ist.

Fast zwei Jahre sind vergangen, seit die friedliche Revolution in der DDR den Eisernen Vorhang hinwegfegte. Das Volk hatte entschieden, endlich, nach 40 Jahren Deutsche Demokratische Republik, nach vier Jahrzehnten das Aus des sozialistischen Experiments auf deutschem Boden. Die politische Großwetterlage kam ihnen entgegen, drängte die Dinge in die gleiche Richtung. Am Ende war die Unsicherheit der SED-Politiker so groß, dass Günther Schabowski in einer Pressekonferenz auf eine Journalistenfrage zum Zeitpunkt der geplanten Reiseerleichterungen den berühmten Satz sagte, nein, das berühmte Gestammel von sich gab: „Das trifft nach meiner Kenntnis ... ist das sofort, unverzüglich“ ... Die Verwirrung war groß, die Grenzorgane nicht informiert, eine brenzlige Situation. Heute ist ziemlich klar, dass die Interpretation dieser Aussage durch westliche Medien eine entscheidende Rolle beim Mauerfall spielte. In den Tagesthemen sagte es der Moderator Hanns Joachim Friedrichs so: „Die DDR hat mitgeteilt, dass ihre Grenzen ab sofort für jedermann geöffnet sind, die Tore in der Mauer stehen weit offen.“ Um 23.30 Uhr konnte Oberstleutnant Jäger dem Druck der Massen am Übergang Bornholmer Straße in Berlin nicht mehr standhalten. Er öffnete eigenmächtig die erste Sperre, die Mauer war gefallen, am 9. November 1989. Ein Wunder war geschehen, die Freude kannte keine Grenzen. Die Welt begann, sich andersherum zu drehen, oder sagen wir besser, fast alles, woran man sich gewöhnt hatte, wurde nun anders, der Ostblock zerfiel, die Grenzen wurden neu gezogen. Die sozialistischen Systeme übernahmen westliche Prinzipien, wurden demokratisch, zumindest erst einmal auf dem Papier, und kapitalistisch.

Heute ist es endlich wieder soweit: nicht ich komme an, bei ihnen in Glauchau, nein, heute kommen sie an. Heute empfange ich sie, in meiner Heimat. Letztes Jahr waren sie zum ersten Mal zu Besuch bei uns, im Westen. Ich holte sie mit dem Auto ab, das ließ ich mir nicht nehmen. Was mögen sie wohl gedacht haben, als wir die noch fast unverändert vorhandenen Grenzanlagen in Wartha, lediglich die Fahrt hindurch war leicht verändert, eben „flüssiger“ gestaltet, durchfuhren? Nun konnte ich ihnen das alles zeigen, wovon wir so oft gesprochen hatten. Sie nahmen es zur Kenntnis, und schwiegen. Zum ersten Mal durchfuhren sie den Eisernen Vorhang, sahen die Grenzzäune, die Wachtürme, die Autosperren, die Dimensionen einer solchen Anlage. Was wären meine Gedanken gewesen?

Heute kommen sie zum zweiten Mal, diesmal mit dem Zug, denn sie konnten direkt von Glauchau bis Altenbeken durchfahren, und dann nur einmal umsteigen nach Herford, eine entspannte Fahrt. D 1456 hieß der Zug damals, von Dresden nach Köln, über Altenbeken, eine ideale Verbindung, wie gemacht für uns. Wiedervereinigungszüge waren das damals, heute muss man wieder etliche Male umsteigen, um auf kürzestem Wege die Ost – West-Distanz zu überwinden.

Ein milder Herbstwind und nicht der berüchtigte Bahnhofs“zug“ lässt die ersten Blätter tanzen. Hoffentlich haben wir ein paar schöne Tage.

▲ *Im Sommerfahrplan 1982 wartete das Bw Oebisfelde mit einer Besonderheit auf: Der Interzonenzug D 447 (Köln-Leipzig) wurde zwischen Oebisfelde und Magdeburg mit einer 41er bespannt, der letzte dampfbespannte seiner Art. Alles hatte auf die Seite zu springen, wenn dieser Paradiesvogel anrückte. Volles Rohr bis Magdeburg, immer frei, so ein Zug durfte natürlich auf keinen Fall liegenbleiben, die Maschine hatte in Schuss zu sein, die Personale erfahren.*

41 1144, Meitzendorf, September 1982, hinten 41 1055 vor N 53745

An der Bahnsteigkante stehen und auf das Ankommen eines Zuges warten, Freunde erwarten, Ankunft. Eine klassische Situation, deren Empfinden und Erleben wohl seltener wird in unserer effizienten, schnelllebigen Welt. Ankunftszeit nicht irgendeines Zuges, wohl einer unter unzähligen, ein unscheinbarer Nahverkehrszug, heute heißt das Regionalbahn oder sogar Regionalexpress, klingt wohl moderner als Nahverkehrszug, schrill und bunt von verkappten Spray-Künstlern oder gelangweilten, frustrierten Zeitgenossen gestaltet oder auch verunstaltet. Nein, ein ganz besonderer Zug, einer, auf den ich warte, gerne eine Weile länger als erforderlich, das Gefühl genießend, dass in wenigen Momenten das Leben einen Gang zulegt und die Hoffnung nährt oder bestätigt, dass es sehr viel mehr bereithält als den unvermeidlichen Alltag, dessen Mühe wir zu verantworten haben.

Gebanntes Starren die Gleise entlang, vorrückende und dennoch ewig lange Zeit, dann endlich die Durchsage: „Achtung, am Gleis 3 hat Einfahrt der verspätete Regionalexpress von Altenbeken nach Bielefeld, planmäßige Ankunft

16.21 Uhr". Einer dieser schmucklosen, unlebendigen, aber umweltfreundlich betriebenen Zugmaschinen legt sich mit ihrem Züglein in die Kurve der Bahnhofseinfahrt, rollt zügig heran, kreischende Bremsen, der stählerne Wurm steht, Türen öffnen sich. Sind sie auch wirklich drin, die beiden, oder ist etwas dazwischen gekommen?! Wenige Fahrgäste betreten festen Boden, eilig die meisten ... Ja, sie sind es! Er mit Elbsegler, sie im hellen Kostüm, adrette Frisur, nach wie vor ein lebensfrohes Paar, gemeinsam wohlgenährt, getrennt gewachsen. Vor drei Jahren haben sie zu meiner Heirat kommen wollen, es gab durchaus einen Funken Hoffnung, obwohl sie noch keine Rentner waren und wir ja nicht verwandt. Ein vorheriger Besuch bei Verwandten in Westberlin im selben Jahr war genehmigt worden. Einen Versuch war es immerhin wert, die Diskussionen auf dem VP-Kreisamt sind noch in lebhafter Erinnerung. Verwandtenbesuch ja, Bekanntenbesuch nein, und dann war da sicher noch meine Tätigkeit als „Spionagefotograf", wenngleich im Prinzip meine Akte 1986 geschlossen wurde und ich endgültig als Hobbyfotograf enttarnt war. Es war noch zu früh, noch galten die strengen Regeln des Reiseverkehrs nach dem nichtsozialistischen Ausland. Und niemand konnte ahnen, was sich nur ein Jahr später ereignen sollte.

Sie kommen heran, mit bescheidenem Gepäck, bleiben ja nicht lange, und was braucht man schon wirklich, das meiste davon wohl Geschenke, entdecken mich, wir gehen strahlend aufeinander zu, nehmen uns in die Arme, Sachliches ersetzt das Unaussprechliche, verdammt, sie sind mir sehr ans Herz gewachsen. Dieser sächsische Tonfall, ich hab ihn schon wieder vermisst. Seit die Dampflok in ihrer Heimat aufs Abstellgleis geschoben war, sind auch die Besuche seltener geworden, die in Richtung Osten. Die nach Westen sind neu, ganz neu. Bis hierher und heute hat das Band gehalten, möge es uns verbinden, solange wir atmen.

▲ *Sie sind da! Danke, dass ihr euch auf den langen Weg gemacht habt und für eure verständnisvolle Freundlichkeit, Unkompliziertheit, Großzügigkeit, Herzlichkeit, wir werden das nie vergessen.*

Herford, 3. Oktober 1996

MfS/BV/Verw. Karl-Marx-Stadt   Karl-Marx-Stadt, den 19.9.86
Diensteinheit Abt. XIX
Mitarbeiter Rüdiger

BStU 000039

Abverfügung zur Archivierung

Nur für GMS, OPK, KK, Allg. P, Allg. S und KS III
(Zutreffendes unterstreichen)

Die Akte über: Name Thiele *)
Vorname Ingo
geb. am 13.9.58
Geburtsort Spenge
(oder amtliche bzw. bekannte Bezeichnung des Objektes)
ist zu archivieren.

Abschlußeinschätzung und Gründe der Archivierung:

Der Thiele wurde im Rahmen der Durchführung der OPK "Hobby" bekannt. Bei dem T. handelt es sich um einen BRD- Hobbyeisenbahner mit einer realistischen Einstellung zur DDR. Während seiner mehrfachen Aufenthalte in der DDR konnten keine Hinweise auf eine Tätigkeit im Sinne des § 97 StGB erarbeitet werden.
Es erfolgt eine Ablage des Materials im Archiv der Abt. XII der BV Karl-Marx-Stadt.

Die Akte ist ~~gesperrt~~ / nicht gesperrt zu archivieren.
(Nichtzutreffendes streichen)

Unterschriftsberechtigter

*) Angaben zu weiteren in dieser Akte genannten Personen auf der Rückseite eintragen.

Form 317

▲ *Mit diesem Schreiben ist wohl meine vollständige Rehabilitation erfolgt, kein Spion, sondern nur ein ganz normaler Eisenbahnfreund.*

Alle Reisen haben eine heimliche Bestimmung, die der Reisende nicht ahnt.

(Martin Buber)

Menschen und Maschinen

Über 35 Jahre ist es her, da sich an einem nasskalten Märzmorgen unsere Wege kreuzten, eine jener typischen Verkettungen besonderer Umstände, wie oft oder vielleicht auch immer im Leben. Zum zweiten Mal reise ich in die DDR, wieder mit der Bahn. Dieses Mal bin ich alleine unterwegs und es ist Winter, meiner automobilen Erfahrung traute ich das Experiment noch nicht recht zu. Es ist sehr früh, dunkel, nasskalt, wir schreiben 1980. Der Bus hat den Bahnhof von Meerane erreicht, der Fahrer lässt den Motor noch einmal aufheulen, dann entlässt er die arbeitende Bevölkerung und mich ins Freie. Durchgerüttelt von dieser rauen Fahrt im Schienenersatzverkehr über die ostdeutschen Schlaglochpisten, in einem Bus Modell „Ikarus 66", dessen Hinterteil an ein gefiedertes Tier erinnert (wir nannten ihn daher später „Gänsearschbus"), wanke ich mit meinen Habseligkeiten schlaftrunken nach einer sehr frischen Nacht im Wohnwagen eines barmherzigen Oelsnitzer Eisenbahners (siehe weiter unten) über den Vorplatz auf den Bahnhofseingang zu, trotte durch die Halle, stoße die Tür zum Hausbahnsteig auf und bleibe augenblicklich wie angewurzelt stehen: Potz, Donner und Blitz, was ist das?! Nur wenige Schritte vor mir baut sich ein schwarzer, zischender Koloss auf. Ich stehe direkt vor 58 3030, die mit P 6042 nach Gera auf die wenigen Frühaufsteher wartet. Ungläubige Starre, für einen Augenblick das Gesicht dem eines Lottogewinners sicher ähnlich, dann panisches Glück. Dank mangelnder Information war die Überraschung perfekt: die 58er stand da wie eine Erscheinung im trüben März-Morgen, und ich einem Schatzsucher gleich, der nach langem, vergeblichen Graben sich unter einem Baum ausruht, spielerisch in der Erde scharrt und plötzlich auf etwas Hartes, Glänzendes stößt ... Realität und Traum vermischen sich, Adrenalin peitscht den Kreislauf hoch. Die nach den harten Vortagen übermüdet-schlafwandlerische Seele beginnt unbeholfen ihren dampfloknärrischen Freudentanz: Bahnsteig vorlaufen, mit klammen Fingern Stativ 'raus, Kamera drauf, Position finden, Belichtung ... die Hände zittern und der Schaffner schaut meinem Treiben halb belustigt, halb beunruhigt zu, die Abfahrtszeit ist schon überschritten: "Woll'n se denn nu mitfohrn oder nisch?" Richtig, das war ja der Grund meines Hier-Seins (Da-Seins?). Stativ geschnappt, Tasche und rein in den Zug, der erste Auspuffschlag zerschneidet die morgendliche Stille. Ich sitze im Dampfzug, eine Fügung des Himmels. Nächste Station wieder 'raus, vorgesprintet, Stativ ... Lokführer und Heizer haben bereits ihren Spaß angesichts dieses hetzenden, wohl nicht mehr ganz normalen Wessis. Bei einem längeren Aufenthalt in Nöbdenitz stolpere ich erneut nach vorne, über den Bahnsteig hinaus auf das Schotterbett vor zur Lok, wo der Heizer bereits die Lager kontrolliert. „Guten Morgen" bringe ich heraus, „Glück auf!" schallt es von oben zurück und ein freundliches, volles Gesicht schaut aus dem Führerstand. „Darf ich mal ein paar Fotos machen?", frage ich herauf. „Nu glor", kommt die beruhigende Antwort, und etwas nervös mache ich ein paar Fotos. Dann aber steigt auch der Meister herab, ich bitte ihn zum Foto kurz stehenzubleiben, kein Problem, klick, und er winkt mich zu sich heran.

Was will er denn jetzt, wahrscheinlich schimpfen, schließlich stehe ich hier im Gleis herum, ich ahne Böses. Aber das Gesicht will dazu nicht recht passen. Ich beende umgehend meinen „Dampfloktanz" und stapfe unsicher über den Schotter vor zum Führerhaus. „Ja, Tschuldigung, ich wollte nur ..."

„Willste mol vorne mitfohrn?"

Wie, was, ich verstehe nicht recht, fahre doch schon die ganze Zeit mit, vorne im ersten Wagen, gleich hinter dem Tender.

„Nee, Nee, hier oben!“
Das kann er doch nicht ernst meinen, ist vielleicht eine ganz miese Falle, schließlich ist man im Land von VEB ‚Horch und Guck‘.
„Ja, geht das denn?“
„Jo, nu, pack deene Sachen in den Zuag, und dann komm nauf!“
Der Mann scheint vertrauenswürdig, mache ich mir vor, die zum Greifen nahe und erstmalige Gelegenheit, auf dem Führerstand einer Dampflok mitzufahren, ist übermächtig. Den Rucksack verstaue ich schnell im ersten Wagen, das Risiko war der Preis, und dann stehe ich auch schon wieder am Führerhaus, schaue mich noch einmal unsicher um, fasse dann entschlossen die Griffstange und rauf auf den ‚Bock‘. Wenn das mal gut geht. Ich halte mich im Innern verborgen, soviel deutete der Meister immerhin an. Abfahrt, ruft der Heizer, und eine kräftige Hand schiebt den Regler nach vorn, die Fahrt geht weiter. Zum ersten Mal auf einer Dampflok im harten Alltagseinsatz, ich bin überwältigt. Kenne ich mich hier aus? Im Großen und Ganzen ja, aber dann sind da doch noch so viele Handräder und Hebel ... Zügig beschleunigt die 58er nach Raitzhain hinauf. Woher ich denn komme? ruft mir der Meister im

▲ *Am Halt zeigenden Ausfahrsignal kurz nach der Abfahrt aus Nöbdenitz, der Gegenzug rollt heran. Um den Bahnsteig freizumachen, hatte unser Zug vorziehen müssen. Der westliche Fotograf hält sich am abschüssigen Bahndamm mühsam aufrecht. Lokführer Schwarzenberg hatte nichts dagegen, dass ich den soeben eroberten Führerstand kurz wieder verlasse, er würde mich schon wieder aufsammeln.*
März 1980

sächsischen Tonfall zu, auf Hochdeutsch bemüht. Aus der Gegend von Bielefeld, sage ich, denn das Kaff Spenge kennt doch niemand. Ja, Spenge, hab ich schon mal etwas von gelesen, gibt er zurück, ich staune. Das liegt doch bei Enger, der Widukind-Stadt, nicht wahr? Ich bin platt, bestätige, und wundere mich. Dabei bleibt es erstmal, der nächste Halt kommt in Sicht. Dass Enger dereinst mal die Partnerstadt von Lichtenstein, der Nachbarstadt von Glauchau, und Glauchau eine Partnerstadt von Bielefeld wird, lag zu diesem Zeitpunkt noch im Schoße der Vorsehung, doch es musste wohl so kommen … Wir verabreden, dass ich in Gera-Süd aussteige, einer wenig frequentierten Station, man sollte das Glück nicht herausfordern. Vorher bitte ich aber noch um seine Adresse, um ihm die Fotos zukommen zu lassen. Er schreibt sie eilig noch in mein Notizbüchlein, das ich mit schwarzen Händen wieder entgegennehme, inklusive seinem rußigen Fingerabdruck. Am Regler stand also ein gewisser Klaus Schwarzenberg, Str. der OdF, Glauchau, vom Reko 58er Auslauf-Bw Glauchau in Sachsen. Noch ein letztes Bild am menschenleeren Bahnsteig, und die Flügel gebieten Weiterfahrt, dankbar hebe ich die Hand zum Gruß, Gruß zurück.

▲ *Im Juli 1980 kämpft sich 58 3047 bei Rödlitz-Hohndorf die Steigung nach Oelsnitz hinauf. Im November wird sie erstmals z-gestellt, aber nur vorübergehend, sie überlebt ihre Schwestern. Im Februar 1981 gingen die 58er-Leistungen auf Diesel über, die Entscheidung war längst gefallen. Mir waren diese Pläne nicht bekannt, und weil weitere lohnende Ziele auf dem Programm standen, zog es mich nach einer kurzen Stippvisite in andere Richtungen weiter und zu anderen interessanten Loks. 2 Tage später läuft mir diese Loktype jedoch wieder über den Weg, und der Schwarzenberg, Klaus.*

Ja, du hast mich damals einfach so mitgenommen, einen wildfremden Burschen, und dann noch aus dem Westen. Das Risiko war dir bekannt. Aber erst Jahre später erwischte es dich bei ähnlicher Gelegenheit, denn eifrige Spitzel sahen, was sie sehen wollten. Es dauerte allerdings ein ganzes Jahr, ehe die sich bei dir meldeten. Eine Vorladung zum Verhör durch den Staatssicherheitsdienst lag auf dem Tisch. Ich erfuhr davon erst, als die ganze Sache schon längst hinter dir lag. Es war nie deine Art, anderen deine Probleme auf die Nase zu binden, und wohl deiner geschickten

▲ *Klaus und Heizer Wulf in Nöbdenitz, ein Glück, dass ich das Bild dafür „geopfert" habe. 19. März 1980*

Rede und einer langen Dienstzeit zu verdanken, dass du Schaden von dir und deiner Familie abwenden konntest. Und außerdem kann man sich ja nicht an jede Einzelheit eines Tages erinnern, der mehr als ein Jahr zurückliegt. Wo wir schon einmal dabei sind: Nach deiner Schätzung hattest du im Bw mindestens fünf Kollegen, die ein Auge auf dich hatten, und außerhalb noch mal so viele. Einen gab es, von dem wusstet ihr alle, dass er sofort alles Berichtenswerte „nach oben" durchgab. Dieser Denunziant bekam dann auch von euch den passenden Beinamen, den abzudrucken ich mir hier verkneife. Man kann in deiner Akte aber auch Berichte lesen von Kollegen und anderen Bekannten, die man über dich befragt hat und die nur Gutes zu sagen hatten, sie antworteten so, wie sie dich erlebt hatten. Hier nur ein Beispiel: siehe rechts.

Bei dieser ganzen Angelegenheit war ich offenbar nur Mittel zum Zweck, Vorwand, Anlass, mir geschah nichts. Wir Wessi-Fotografen wussten zwar, dass unser Treiben Argwohn erweckte und wir vermutlich immer wieder unter Beobachtung standen, doch bemerkten wir nur selten unsere stillen Begleiter. Erst der Blick in die Stasi-Akte ernüchterte und ließ das Ausmaß dieser Überwachung offenbar werden. In meinen „Unterlagen" kann man sogar nachverfolgen, wer wann mit dem Auto mit wem davonfuhr oder ankam. Der Beobachtungsposten im Eckhaus ein Stück die Straße rauf war zweifellos sehr fleißig. Wie viel Zeit und Papier sind bei dieser Art von Tätigkeit vergeudet worden, ohne auch nur den geringsten Nutzwert abzuwerfen. Einen riesigen Kropf sogenannter IM's leistete sich dieser Staat, während es an allen Ecken und Enden fehlte.

Jene Begegnung im grauen Nöbdenitz war der Schlüssel zur Welt der Dampfloks, ein lange gehegter Wunsch wurde wahr, und es begann ein winziges Kapitel deutsch-deutscher Geschichte.

◀ *Rödinghausen, im September 1994. Warten auf den Zweitschlüssel, der erste hängt wohlverschlossen im Zündschloss.*

33

Glauchau, 26. 6. 1985

BStU
000044

Abschrift!

Bericht zur Person Schwarzenberg, Klaus

Mir ist Sch. seit vielen Jahren als Lokführer vom Bw Glauchau bekannt. Er war vor Jahren zur Dampflokzeit Lokführer auf der 58. Traktion, schulte um auf Diesel. Fuhr mehrere Jahre im Plan der 118 Baureihe. Durch die neu inbetriebnahme der 50. Dampflok war Sch. einer der ersten Lokführer, welcher auf Dampf fuhr. In seiner Arbeit kann ich sagen er tritt gegen Mißstände auf, er ist sehr gewissenhaft, zuverlässig und pflichtbewußt. Er hat eine positive Einstellung zu seinem Beruf, seine Arbeitseinstellung würde ich als sehr positiv einschätzen. Mir ist bekannt, daß Sch. ein ausgesprochener Eisenbahnhobbyfan ist. Vor längerer Zeit hielt ich mich auf dem Führerstand seines Triebfahrzeuges auf. Dabei stellte ich fest, daß er mehrere Bücher über die Eisenbahn mit auf dem Führerstand hatte. Dabei handelte es sich um Bücher über Lokomotiven aus dem sächsisch-thüringischen Raum. Beim Durchblättern der Bücher konnte ich feststellen, daß diese aus der BRD stammen. Im entwickelnden Gespräch konnte ich feststellen, daß Sch. umfangreiche Fach- und Detailkenntnisse über das Eisenbahnwesen, speziell der Dampflokomotiven und deren Einsatzorte besitzt. Sch. teilte mir weiterhin mit, daß er im Rahmen seines Hobbys Kontakt zu einem BRD-Bürger hat, welcher ebenfalls den EB-Hobby nachgeht. Bei Einreisen seines BRD-Freundes übernachtet dieser bei Sch. Dafür hat Sch. Bücher und Fotos aus der BRD erhalten. Über die Intensität seines Kontakten in die BRD kann ich keine Auskunft geben.

gez. "Hans"

gef. 1 Exemplar
3. 7. 1985

Nun sind die beiden, die Solches ermöglichten, hier in meiner Heimat. Werden sie sich heimisch fühlen können? Eine unsichere Frage. Aber ich werde mein Bestes geben! Nicht nur, weil sie es ebenso taten, ohne Vorleistung.

▲ *So da liegend erwarte ich die nächste Dampfleistung, einen richtigen Plan, gar Umlaufplan, hatte ich nicht. Also einfach warten, irgendwas würde schon kommen. Das weiße Etwas neben dem Rucksack ist ein Tragetäschchen für das Stativ, das hatte Mutter genäht und erwies mir über viele Jahre gute Dienste. Überhaupt hatte sie zwar nicht das größte Verständnis für meine Touren in den wilden Osten, akzeptierte aber doch ihr Schicksal und unterstützte mich dort, wo sie konnte. Der Vater war längst abhanden gekommen, und so stand ich früh auf eigenen Beinen, getrieben von meiner dampfenden Leidenschaft. Hier oberhalb des Rödlitzbachviadukts ahnte ich noch nichts davon, dass diese Gegend einmal so etwas wie meine zweite Heimat werden sollte. Hier genoss ich schlicht mein Glück, im Dampfland zu sein, freilich ohne zu wissen, wo ich des Abends mein müdes Haupt betten würde.*

Hohndorf, März 1980

▲ *50 3543 war die erste 50er beim Bw Glauchau, sie half einen Engpass zu überbrücken, der durch schadensbedingte Ausfälle bei den 58ern entstanden war. Für mich eine Überraschung, aber auch eine Enttäuschung, wartete ich doch auf die 58er. Sie war wohl so etwas wie ein Fingerzeig in die Zukunft. Noch half sie aus, aber bald schon sollte sie das Zepter übernehmen.*

Lichtenstein, März 1980

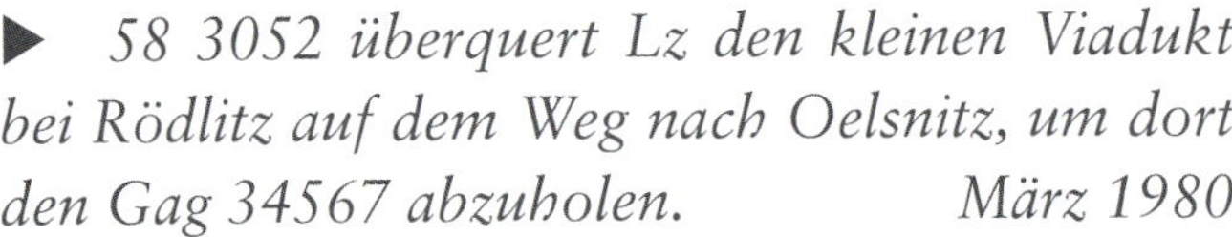

▶ *58 3052 überquert Lz den kleinen Viadukt bei Rödlitz auf dem Weg nach Oelsnitz, um dort den Gag 34567 abzuholen.* *März 1980*

▶ *In Gera Süd endete meine erste Fahrt auf dem Führerstand einer Dampflok. Der Ausstieg am Hauptbahnhof hätte dann doch das Schicksal zu arg herausgefordert. Mit zwei Flügeln geht's hier noch eine Station weiter, und ich schwebe im ersten Wagen auf Wolke 7.*

März 1980

▼ *Ankunft in Gera, am selben Bahnsteig mit P 3020 aus Saalfeld mit 01 505. Innerhalb einer Stunde erreichten zwei weitere 01.5 den Bahnhof der Bezirkshauptstadt, P 8012 und der E 800 nach Leipzig. Ich verabschiede mich von meinen beiden Dampflokmännern. Später erfuhren wir, dass VEB Horch und Guck an der Schaufel stand, doch es gab kein Nachspiel.*

März 1980

… ich höre nachts die Lokomotiven pfeifen, sehnsüchtig schreit die Ferne, und ich drehe mich im Bett herum und denke: ‚Reisen…‘

(Kurt Tucholsky)

Mit dem R 4 in den „Wilden Osten“

Drei Monate später, im Sommer, war ich dann aber bereit, der Wagen vertraut, die Einreisepapiere rechtzeitig da, es konnte losgehen. Klaus Schwarzenberg hatte auf meine vorsichtige Anfrage hin ohne viel Federlesens die Einreise beantragt und mich eingeladen, ihn in Glauchau zu besuchen. Sehnsüchtig erwartete ich die Post, lauerte täglich dem Postboten auf, bis er endlich mit einem Brief wedelte und ihn mir augenzwinkernd aushändigte. Die begehrten Papiere waren da, aus Sorge wurde augenblicklich große Vorfreude und gespannte Erwartung. Das Warten auf diese so entscheidenden Schriftstücke war immer eine nervenaufreibende Sache, denn was konnte nicht alles auf dem Behörden- und Postweg dazwischen kommen und die geplante Reise platzen lassen.

Die Nacht vor der Abreise war an Schlaf kaum zu denken, gegen Morgen erlöst er mich dann doch noch für ein paar wenige Stunden. Mit einem Haufen Stullen und anderem Essbaren, was Mutter meinte, unbedingt mitgeben zu müssen, Kaffee und Schokolade für Schwarzenbergs, drückte sie mich noch einmal, den 21-jährigen, und meinte, ich solle mich nicht einsperren lassen, was ich auch nicht vor hatte, und bitte überhaupt heile wiederkommen, und grüßen solle ich sie, die netten, unbekannten Gastgeber in Glauchau, wo war das noch mal... Klar, Mutter, wird gemacht, die Autotür klappt blechern ins Schloss, und ich war endlich unterwegs. Die Route war auch klar, B 68 Richtung Kassel, dort auf die B 7 Richtung Eisenach, Grenzübergang Herleshausen/Wartha, dann die Autobahn Richtung Dresden, ja, und dann zeig, was du kannst, meine kleine gelbe Rostlaube.

Diese gelbe Gefährt, nach der ersten Karambolage selbst rot lackiert, war ein Renault 4, kurz „R 4“, ganze 34 PS und mit Revolverschaltung, mein steter Begleiter für die nächsten Jahre, eine treue Blechbüchse mit viel Platz, viel Rost und sagenhafter Kurvenlage. Nach Ausbau des Rücksitzes mittels zweier leicht erreichbarer Schrauben war sogar ein Schlafplatz für 2 Personen geschaffen, wenn man sich denn gut kannte. Im Stich gelassen hat mich das Fahrzeug nie, und Reparaturen waren mit etwas Geschick noch selber zu bewältigen. Selbst aus dem Graben haben wir es einmal mit zwei Mann gehoben. Mehr als 5 Jahre habe ich dieses Fahrzeug genutzt, die Karre wächst einem dann letztlich ans Herz. Als nichts mehr ging und nur noch der Schrottplatz in Frage kam, machten wir uns auf zur letzten Fahrt, sie war nicht lang, Münster-City bis Münster Stadtrand. Noch mit eigener Kraft. Ein kräftiger Bursche kam heran. Ist das der Wagen? Ja, sage ich, das ist er. Dann holt er einen großen Schraubenzieher aus der Jacke, fasst entschlossen den Griff und sticht mit Wucht mitten in die Kühlerhaube. Das Eisen durchbohrt das dünne Blech bis zum Anschlag. Es war ein böser, liebloser Akt, ich will noch abwehrend die Hand ausstrecken, aber da war es schon geschehen, meine gelbe Rostlaube hatte ihren letzten Atemzug getan. Dass mir das heute noch so in Erinnerung ist, zeugt von der emotionalen Herausforderung, die ich zu bewältigen hatte. Immerhin war es das erste Auto und dazu ein überaus praktisches Gefährt, wie sich auf Schnee und Eis, Waldwegen und Schlaglochpisten herausgestellt hatte. Für Dampflokverfolgungen war die liebenswerte Blechbüchse bestens geeignet, und viel schneller als 120 km/h ging ja auf DDR-Landstraßen sowieso kaum, zumal das ja gar nicht erlaubt war, nicht wahr?

Etwas bedröppelt mache ich mich zu Fuß auf den Heimweg, das Schafott hinter mir lassend. Ein letzter Blick zurück, mach's gut, Kleine, kommst bestimmt in den Autohimmel.

Nach diesem zugegebenermaßen sentimentalen Blick auf das Ende nun aber hinein in den Anfang, ins Dampflokland, mit der quicklebendigen, quietschegelben „Anti-Ente“. Ich prüfe noch einmal, ob die Einreisepapiere auch wirklich an Bord sind. Der nächste Griff geht dann gleich in die Stullendose von Muttern, müsste für die nächste Woche reichen. Das erste Ziel ist der Grenzübergang Herleshausen/Wartha, was wird mich dort erwarten? Die bisherigen Berlin-Touren führten immer über Helmstedt/Marienborn, das war der einzige Autobahn-Grenzübergang seinerzeit. Die Grenzkontrollen für Transitreisende nach Westberlin waren dort erträglich, soweit man sich nicht irgendwie auffällig verhielt, etwa dumme Bemerkungen machen oder sich widerspenstig zeigen. Der Grenzübergang lag an einer Landstraße, die Europastraße 40. Wie würden sich die Grenzer dort verhalten, zumal ich ja nun das erste Mal mit dem Auto in die DDR zu reisen wünschte? Unter der alten unvollendeten Reichsautobahnbrücke hindurch folge ich mit höchst konzentrierter, nervöser Anspannung den Hinweisschildern zum Grenzübergang, durch den Ort Herleshausen hindurch. Verdammt, immer wieder das gleiche Spiel, immer wieder das sich stetig mit der Annäherung an diese besondere Grenze steigernde zittrig-fahrige Gefühl. Die Hände werden feucht,

▲ *Beim Warten auf den letzten Zug aus Crottendorf wird der Film „vollgemacht“, da kam dann auch schon mal so etwas heraus. War damals eher eine Verschwendung kostbaren Filmmaterials, und doch sind es mit zunehmendem Alter gerade diese Aufnahmen, die einen besonders berühren.*

Walthersdorf, August 1983

den Blick starr nach vorne gerichtet, die Tachonadel nicht vergessen. Und dann, jäh durchzuckt mich ein Gedanke, der Reisepass! Oh Gott, wo ist der, den hab ich doch wohl nicht ... Dann fällts mir ein, feuchte Stirn, gerettet. Klar, hatte ich ja auch vorhin schon kontrolliert, man, man. Hektisch angle ich das Papier aus der Reisetasche hinter mir, noch mal gut gegangen. Dann kommt die westdeutsche Passkontrolle und Zollabfertigung. An „unserem“ Posten geht es erwartungsgemäß recht zügig, dann weiter ein Stück über die Landstraße Richtung Güst (Grenzübergangsstelle) Wartha, eingezwängt zwischen dem alten Bahnhof Wartha rechts und einem Steilhang links. Hinter der ersten Fahrzeugsperre warten einige wenige Fahrzeuge, ich stelle mich an, es dauert, ich schalte den Motor ab. Und es dauert. Noch 'ne Zigarette anstecken? Nein, lieber nicht, wer weiß, erscheint den Grenzern vielleicht zu cool, und dann spielen sie gerne ihre Macht aus. Endlich geht's weiter, Auto für Auto, ein Stoppschild gebietet Halt. Die LKWs auf der linken Spur fahren erstaunlich zügig durch, nur ein kurzer Stopp, dann aber halten sie auch, umso länger. Die Zeit quält sich im Schneckentempo voran. Dann winkt der Uniformierte weitere Fahrzeuge heran. Als ich dran bin, reiche ich den Packen Einreiseberechtigungen durch das Fenster in die Hände des sehr ernst dreinschauenden Beamten. Er nimmt sie entgegen, kontrolliert sehr gelassen Vollständigkeit und Bild, sortiert schließlich die Zettel und packt meine Identität in ein Ledertäschchen, das über ein brückenähnliches Förderband, wenn es denn funktionierte, zum eigentlichen Kontrollpunkt rattert. Am nächsten Stoppschild halte ich wieder brav, bis mich eine Hand heranwinkt, die paar Meter vor und Motor aus, bloß nicht die Güst vollstänkern. Scheibe runter, pardon, nach links schieben. Schauen Sie bitte zu mir, sagt er freundlich, aber bestimmt. Ich drehe ihm etwas erschrocken mein Antlitz zu, er prüft gewissenhaft, Blick aufs Foto, zu mir, wieder aufs Foto, zu mir, dann legt er die Papiere weg, und es dauert wieder. 15,- DM Visumgebühr darf ich dann auch noch berappen. Angenehme Weiterreise, höre ich noch, Motor an, Schaltknüppel nach links vorne, ein paar Meter weiter, der Zoll tritt an meine Seite. Guten Tag, steigen sie bitte aus. Führen sie Waffen, Munition oder Funkgeräte mit sich? Ich verneine wahrheitsgemäß. Zollerklärung vollständig ausgefüllt, sind alle mitgeführten Waren eingetragen? Ja, natürlich, insbesondere auch die Fotoausrüstung, damit die nicht meistbietend in der Täterätää (DDR) verscherbelt wird. Machen sie bitte mal den Kofferraum auf, die Klappe gibt den Blick in den Gepäckraum frei, er hebt die Matte hoch, lässt sich den Fotokoffer öffnen, kramt darin herum, wofür brauchen sie diese vielen Filme, ich fotografiere Dampfloks, diese Info nimmt er reglos hin, es darf wieder alles geschlossen werden, lässt sich noch meine mitgeführten Devisen zeigen, 150 Deutsche Mark, gibt mir dann alle Papiere zurück, gute Weiterreise, ja danke, bin ich jetzt durch? Meine Befürchtungen haben sich nicht erfüllt, ging doch recht reibungslos, wenn das jetzt immer so geht, war meine flüchtige Hoffnung. Echte, ernsthafte Schwierigkeiten erlebte ich an der Grenze letztlich nie, wenn man mal von ein paar Zeitschriften und Schallplatten absieht, die der Grenzer lieber bis zu meiner Rückkehr an Ort und Stelle deponieren wollte. Eine Angst fuhr aber immer mit, und das war die Befürchtung, nicht hineingelassen zu werden. In Berlin habe ich dieses Desaster erlebt, man ließ mich nicht in den Osten, wohl aber meinen Freund an selber Stelle zum selben Zeitpunkt. Über den Grund rätseln wir heute noch. Jede erfolgreich überstandene Einreiseprozedur war also so etwas wie die Bestätigung, dass man unser dampfloknärrisches Tun doch nicht als so staatsbedrohend ansah und also die Einreise verwehren musste.

Langsam kurve ich aus dem Abfertigungsbereich heraus und steuere den kleinen Parkstreifen an, um noch den unvermeidlichen Zwangsumtausch zu erledigen, 13,- DM pro Tag. Nur wenige Monate später, im Oktober, wird dieser Satz mal eben fast verdoppelt, dann werden 25,- DM fällig. Vorsichtig rangiere ich aus der Parklücke, die letzte Sperre bleibt hinter mir. Zwischen Eisenbahn und Stützmauer geht es die Landstraße Richtung Autobahnauffahrt Eisenach-West. Die Anspannung löst sich mit jedem Kilometer, und als ich die holprige Betonpiste der Autobahn mit dem eintönigen ra-tat, ra-tat unter den Rädern habe, gen Osten brumme, da endlich: Hurra, ich bin drin! Soweit hat schon mal alles geklappt, freudige Entspannung erleichtert mein geplagtes Gemüt. Auf der Autobahn aus den 40er Jahren ist nicht viel los, die Grenzatmosphäre verdunstet erstaunlich schnell und ich kann an etwas anderes denken, sauge begierig die neuen Bilder auf, lese Autobahnschilder mit bekannten Namen, wundere mich über die drei Burgen, eine links, zwei rechts, die sich auf den Hügelkuppen erheben, und gebe auch ein wenig mehr Gas, 100 dürfens ja sein. Aber nicht mehr, darauf achtete ich anfangs peinlich genau. Wurde man erwischt, war die Strafe in D-Mark zu entrichten, so hatte ich es unlängst auf der Transitfahrt nach Berlin erlebt. Die mühsam zusammengekratzten Ersparnisse waren mir dafür ganz entschieden zu schade. Also immer schön an die Vorschriften halten, und die Augen auf ... was ist das denn? Ganz rechts am Straßenrand, fast schon im Graben, hinter einem Busch, nehme ich gerade noch ein Tarnnetz wahr, wie man es beim Militär verwendet. Da saßen sie drunter, und schossen die Raser ab, die Kollegen kassierten dann auf dem nächsten Parkplatz.

Leichte Kopfschmerzen machen sich bemerkbar, muss am Trabi vor mir liegen, dessen bläuliches Zweitaktabgas reichlich durch die aufgeschobenen Fenster eindringt. Fühle mich in meinem Viertakter weit voraus, aber auch der Trabi hatte Revolverschaltung, wie ich. Gotha, Erfurt, Weimar, Jena kommen in Sicht, unter der Brücke geht sie durch, die Dampflinie, die Saalebahn, die berühmte. Leider kommt jetzt gerade nichts. Und wieder die Augen nach vorne, die Bahnstrecke nach Stadtroda und Gera verläuft rechter Hand, doch auch hier nichts. Am Hermsdorfer Kreuz ein Wachturm, und schon ist sie wieder da, diese Beklemmung. Sie verliert sich schneller als vorhin, denn mein Ziel rückt näher, keine 50 km mehr. Gera kündigt sich durch drei hohe Schornsteine an, die bereits weit vorher aus dem Tal herausragen. Die letzten Abfahrten, dann lese ich „Glauchau/Waldenburg“, es ist soweit, ich bin da. Durch den Ortsteil Jerisau hindurch geht es auf die Flutbrücke, Hochwasserentlastungskanal für die Zwickauer Mulde, dann unter der kleinen Eisenbahnbrücke in Richtung städtisches Baukombinat, Auestraße, links ab Richtung Oberstadt, Leipziger Platz, die August-Bebel hinauf, Rudolf-Breitscheid links rein, Straße der OdF, Hausnummer 31. Klaus hatte mir den Weg genau beschrieben, ich war erleichtert, alles gut gefunden zu haben. Etwas oberhalb am hausseitigen Bürgersteig parke ich, hohe Granitbordsteinkante, grobes Kopfsteinpflaster, von vielen Generationen spiegelnd glatt gefahren. Das ist es also, hier wohnen sie. Ich öffne das in die Jahre gekommene, von Wind und Wetter gezeichnete hölzerne Gartentor, rechts die Gartenparzellen der Hausbewohner, liebevoll gepflegt, ein geschotterter Weg führt um das Haus herum auf die andere Seite, eins von sechs Klingelschildern trägt den Namen Schwarzenberg, ich drücke also den schwarzen Knopf. Kurz darauf steht eine kleine, etwas untersetzte Frau mittleren Alters in der Tür. Wir begrüßen uns, ich sei der Ingo Thiele, ja, das hätte sie sich schon gedacht, herzlich willkommen, und sie sei die Hildegard Schwarzenberg! Die anderen seien leider nicht da, weil bei einer befreundeten Familie Polterabend gefeiert würde und wir dorthin kommen sollen. Aber ich könne erst einmal meine Sachen ins Haus bringen. Wir könnten im Übrigen zu Fuß gehen, es seien nur ein paar Minuten durch die Stadt. Gut, dann hole ich also meine Siebensachen und werfe einen ersten neugierigen Blick in die Schwarzenbergsche Wohnung.

Dann tippeln wir los, bis zu einer alten Villa. Edel, edel, denke ich, aber das täuschte, es war ja eine Altbauwohnung, und seit dem Bau ist, wie überall, fast nichts gemacht worden. Doch der Garten war hübsch, und dann bin ich auch schon mitten im ostdeutschen Leben, eine fröhliche Schar Menschen brabbelt munter durcheinander, oh je, was kommt da auf mich zu ... Man erwartet uns schon, den Klaus habe ich bald entdeckt, kräftiger Händedruck, ob alles gut gegangen wäre, ja, ja, keine Probleme. Hilde stellt mich dem Polterpaar vor, ich wünsche schon mal alles Gute, höre viele weitere Namen und habe sie augenblicklich wieder vergessen, sehe viele Gesichter, schüttele reichlich Hände, und kriege auch gleich das erste Bier herübergereicht, ich hätte ja sicher großen Durst nach der langen Fahrt, und ob denn alles gut gegangen wäre, an der Grenze und so ...

So lande ich also schon bei meinem ersten Besuch mitten im prallen Leben, das mich herausfordernd anlächelt und zu kommunikativen Höchstleistungen anstachelt, zu meinem eigenen Erstaunen. Der Abend wird noch lang, ich lerne schon ein wenig sächsisch, Glück auf! Wenn der Klaus so richtig in Mundart loslegt, muss ich mich auch heute noch reichlich konzentrieren, um alles mitzubekommen, manchmal geht's auch nur über den Zusammenhang.

Die Eltern des Polterpaares sollte ich noch wiedersehen, immerhin war der Vater ein Kollege von Klaus, Drehscheibenwärter im Bw Glauchau. Franz hieß er, ein Original wie ich es liebe, wir haben in den kommenden Jahren öfter miteinander zu tun. Mit Hilde trinke ich noch ein Schnäpschen, und dann sind wir auch beim Du, wär ja auch Zeit.

Irgendwann in der Nacht brechen wir schließlich auf, zurück in die OdF.

Mich erwarten 50 qm für 4 Personen, 3-Raum-Wohnung, ein Wasserhahn, Kohleherd in der Küche, kleiner Kachelofen im Kinderzimmer, großer Kachelofen in der Stube. Ein Klo, ein knapper Quadratmeter, die grob gezimmerte Tür ist kaum zu schließen, zumal für Menschen mit etwas längeren Beinen. Kinderzimmer, Stube, Schlafzimmer – kurios, in letzteres habe ich bisher nur einen einzigen flüchtigen Blick getan. Seit 1957 wohnen die Schwarzenbergs hier, bis heute.

▲ *Von links nach rechts: Klaus, Hilde, Freund Peter, Ingo. Das ist 37 Jahre her. Sind wir weiser geworden? Ein bisschen. Unsere beiden Gastgeber haben sich für dieses Foto sogar schick gemacht.*

Straße der Opfer des Faschismus, kurz OdF, Nr. 31, im April 1981

Die Wohnküche mit Eckbank wird mit den Jahren zum Ort intensiver Begegnung mit allen möglichen Menschen, mit sächsischen Traditionen und sächsischer Geschichte, hier wurde geredet, gegessen, gefeiert, gelacht, gedacht, fast alles fand hier statt, findet bis heute hier statt.

In der Stube wird die Liegecouch für mich hergerichtet. Das macht Hildegard, also Hilde, so darf ich sie nennen. Über die wird noch zu sprechen sein, aber jetzt muss ich erstmal schlafen, hier auf dieser 2-Personen-Auszieh-Liegecouch, orange kariert mit schwarzen Streifen. Die steht da heute noch. Vieles hat sich geändert seit damals, aber es gibt sie noch, wie zum Trotz, die Dinge, die sich nicht geändert haben, die sind heute noch genauso wie vor 37 Jahren, als ich das erste Mal diese Wohnung betrat. Hilde also richtet mein Nachtlager her, bezieht Bettzeug mit frisch duftender Wäsche, wuselt hier hin und dort hin, derweil mich Klaus noch zu einem Bier überredet. Jetzt wird's aber wirklich Zeit. So, das Nachtlager ist fertig, hoffentlich schlafen sie gut (das mit dem Du klappt dann schon noch irgendwann), drüben sind die Betten sicher viel besser, ich winke ab, das wär ganz prima so, ich hätte auch auf dem Boden geschlafen, sie schlägt entrüstet die Hände über dem Kopf zusammen, das würde ja gar nicht in Frage kommen ... Dieser Tag hatte nur wenig Schlaf gesehen, aber eine Masse neuer Eindrücke, danke und ... gute Nacht. Ich schlafe traumlos und tief. Bis auf eine kurze Unterbrechung mitten in der Nacht, kuckuck-kuckuck, kuckuck-kuckuck, als ein merkwürdiges Geräusch ins Hirn dringt und mich aus der verdienten Ruhe zerrt: Genau gegenüber vollführt über zapfenbehangenem Kettenwerk der gefiederte Zeitmesser seinen possierlichen Freudentanz, 4.00 Uhr, Klappe zu.

Die morgendliche Wäsche in der Küche am einzigen Wasserhahn ist gewöhnungsbedürftig, ich beschränke sie auf das Notwendigste. Kaltes Wasser ins Gesicht, das war das einzige, worauf es ankam, mir waren sowieso bescheidene

▲ *Die heimische Stube, Dreh- und Angelpunkt im Leben der Schwarzenbergs, und ihres Besuches. Als die Eckbank nach Jahrzehnten harter Arbeit endlich zusammenbrach, gabs eine neue, doch die Veränderungen seit der Wende halten sich in Grenzen. Hier ist die Zeit stehengeblieben, und alle lieben es. Wenn ich den Raum heute betrete, weht mich der Hauch bittersüßer Erinnerung an: Na, was gibt's Neues? Hier nicht viel, aber warum auch, ist doch alles gut. Recht hast du, liebe Stube.*

Juli 2006

Verhältnisse nicht fremd und überflüssige Kompliziertheiten fehl am Platze. Das Frühstück stand schon auf dem Tisch, erster Klasse, mit Eiern und Speck, und Rollmöpsen, wegen der gestrigen Feierlichkeiten, die kleinen runden, gehaltvollen und paarig zusammengebackenen Brötchen, starken Kaffee. Da fällt mir ein, ich hab doch auch etwas mitgebracht, das überreiche ich dann sofort, ein Karton mit Lebensmitteln, typische Westware, Kaffee, Schokolade, Nylonstrümpfe, hoffentlich passt die Größe, Süßigkeiten, Bananen. Meine Mutter hatte auch ihren Anteil daran. Aber das wär doch nicht nötig gewesen, meint Hilde freundlich schimpfend, man würde doch auch hier nicht verhungern, und klopft dem Klaus grinsend auf sein deutlich sichtbares Bäuchlein, wir lachen herzerfrischend. Ich esse mehr als schicklich ist. Das müsste mir doch nicht peinlich sein, sagt Hilde, und ich denke, die müssen doch denken, dass ich zu Hause nichts kriege. Nun ja, derlei Hemmungen verloren sich bald, mir schmeckte es eben, ein Kompliment des Gastes. Die sächsische Küche im Sinne guter alter Hausmannskost schätze ich von Anfang an sehr, und wenn wir von den energiezehrenden fotografischen Ausflügen in die nähere wie weitere Dampflokumgebung zurückkehrten, war eine warme, kräftige Mahlzeit ein wahrer Segen am Ende des Tages. Das Kochen war, nebenbei bemerkt, nicht nur Hildes Angelegenheit, auch Klaus konnte adäquat für sie einspringen, wenn sie Nachtschicht hatte.

Es klingelt, die nächste Person, die ich kennenlerne, betritt die Küche. Es ist Brigitte, das älteste der drei Kinder, trägt schon ein schönes Päckchen mit sich herum, das ist der Eike, der bald seinem Bruder Sven folgt und die Familie weiter vergrößert. Brigitte ist bei der Bahn, klar, überflüssige Frage, hat dort auch ihren Mann kennengelernt. Ihre Ausbildung machte sie im RAW Karl-Marx-Stadt (Chemnitz) zum Triebfahrzeugelektriker, war bis 1994 gemeinsam mit ihrem Mann im Bw Glauchau, dann ein Jahr in Zwickau und bis 1999 in Reichenbach, ab 2000 gab es keine Arbeit mehr für sie. Dann haben also viele Jahre Vater, Sohn, Tochter und Schwiegersohn im gleichen Bw gearbeitet.

Gut gestärkt brechen wir auf und ich verfrachte Klaus in mein gelbes Gefährt. Als er sich in den Sitz fallen lässt, geht der butterweich gefederte Renault naturgemäß in die Knie, die Tür setzt auf dem Bordstein auf. Der war an der Stelle aber auch wirklich verdammt hoch. Ich kann mir ein Grinsen nicht verkneifen, wie gesagt, der Klaus war eben damals schon durchaus vollschlank. Also noch einmal raus mit ihm, den Wagen ein Stück vor, und dann ging's los, Richtung Wolkenstein, das hatten wir uns als erste Unternehmung vorgenommen, das idyllische Bähnchen ins grenznahe Jöhstadt, die einzigen planmäßig eingesetzten Meyer-Loks im Erzgebirge. Klaus' Ortskenntnisse haben mich immer beeindruckt, im Erzgebirge kannte er sich wirklich aus, obwohl er keinen Führerschein besaß. Der Atlas zu Hause in der Eckbank war schon arg zerschlissen, so oft wurde er bemüht. Geografie und Geschichte waren immer sein besonderes Interesse, insbesondere auch die heimatkundlichen Gegebenheiten im

▲ *Die Planung für den nächsten Tag steht an, Rainer freut sich schon, ich starre gebannt, Klaus bleibt wie gewohnt cool.*

April 1981

▲ *Interessant war es schon, dieses Brückenbauwerk bei Penig. Und so hat Klaus es mir auch gleich ans Herz gelegt. Heute bin ich froh, dass er unten orange im Bild steht, während die Glauchauer 50 3697 mit dem Mittagssand 56355 gen Süden rollt. Das Bw Glauchau mit der Einsatzstelle Rochlitz erhielt im März 1982 Loks der BR 50, die dann bis zum dortigen Dampfende im Mai 1988 zunächst die Sandzüge im reizvollen Muldental fuhren und dann auch die Strecke nach Oelsnitz bedienten.*
August 1983

Sachsenland. Wenn wir beide unterwegs waren, gab es immer einen Strauß voll Informationen zu diesem Gebäude oder jenem Ereignis auf unserer Route, Wissenswertes aus aktuellen und vergangenen Zeiten. Manchmal hatte ich Mühe, mich aufs Fahren zu konzentrieren, so reichhaltig war das, was ich zu hören bekam. Ich sog begierig alles auf, fragte nach, und bekam zwischendurch weitere Anweisungen, hier links ab, da rechts ab, hier ham mer ne dreisch, hier ne fufftsch ... ich vermisse diese Zeiten ...
Am Bahnübergang in Niederschmiedeberg erwarten wir den ersten Zug, das verkrautete Gleis ist kaum zu erkennen. Klaus sieht nicht besonders frisch aus, den gestrigen, feucht-fröhlichen Abend noch in den Knochen. Die Fahrt im schwankenden Franzosen tat wohl ihr übriges, und dann erleichtert es ihn, das Frühstück düngt den Bahndamm, ab da ging's besser. Das Autofahren machte ihm eigentlich nichts aus, aber dies war eben ein besonderer Tag, kam auch nie wieder vor. Hilde ging es da leider ganz anders, für sie war das Autofahren ein Graus. Und doch ließ sie sich das eine oder andere Mal überreden, eine Tour

mitzumachen, Richtung Oberwiesenthal etwa, und obwohl ich natürlich meinen Fahrstil der prekären Lage anpasste, war es für sie immer eine große Herausforderung, ein Akt, der ihr hohe Disziplin abverlangte. Wir schafften es bis zum malerischen Bahnhof Neudorf, da konnte sie gerade noch die Tür öffnen. Das war ihr sehr peinlich, so direkt am Bahnsteig. Das herzliche Lachen, das uns heute bei solchen Erinnerungen überkommt, nimmt sie uns nicht übel, sie ist weder nachtragend noch missgünstig, nein, sie gönnt uns den Spaß, und lacht von Herzen mit, danke, Hilde.

An der Schiene nach Jöhstadt verschlechtert sich das Wetter. Klaus weiß einen Weg auf die andere Talseite, und als wir oberhalb des Bahnhofs auf einer Bank sitzen mit Blick auf den Lokschuppen, reicht das Licht kaum noch für ein Foto, die vor sich hinschmauchenden Loks machen die Sicht nicht besser. Schade, aber solches Wetter hatten wir oft auf den Dampflok-Touren durch die Ostzone, zumindest kam uns das so vor, denn jeder Tag war kostbar, sollte natürlich möglichst reiche Fotoausbeute ergeben. „Fröhmer-Wetter“ nannten wir das irgendwann scherzhaft, in Anlehnung an meinen Freund Volker Fröhmer aus Wuppertal, der ebenso wie ich den Dampfloks und der DDR verfallen war und auch des öfteren in Glauchau weilte, mit schlechtem Wetter im Gepäck. Er brachte es dann sogar fertig, gar nicht ins Auto zu steigen und auf Dampflok-Hatz zu gehen, das hab ich nur einmal ausgehalten. Nun, Volker hatte nicht mehr Pech als jeder andere, aber irgendwer musste ja schuld sein.

Klaus ging es inzwischen schon wieder so gut, dass wir auf der Rückfahrt bereits übers Abendessen sprechen konnten. Ob ich denn dieses oder jenes mögen würde, na klar. Vor der Heimkehr schauen wir aber noch im Bw vorbei, 2 Reko 58er schmauchen da vor sich hin, in ihrem vorletzten Jahr. Dann fragt Klaus, ob ich mal ein Foto von oben machen möchte. Wie, von oben?! Ja, und da geht er auch schon los, ich dackel hinterher ins

▲ *Volker ist schon ein etwas spezieller Mensch, sympathischer Kerl unter einer eher rauen Schale. Speziell auch äußerlich, bis heute. DDR-erfahren seit 1976, Lokführerkollege, kennt manchmal weder Freund noch Feind. Cooler Typ, ohne lange Umschweife, kommt zur Sache, manchmal keinen Bock zum Losfahren, wenn das Wetter zu schlecht war, und ich auf heißen Kohlen saß. Störte ihn nicht, nimm doch die Karre und hau ab! Ist jetzt Mitorganisator des bekannten Freak Valley Festivals (Stoner Rock) in Netphen-Deuz bei Siegen, passt, oder?! Hier versucht er ein Dampflokfoto zu machen, aber der Zigarettenrauch stört irgendwie die Sicht …*

Penig, Juni 1990

Bw-Gebäude, Treppenstufen hinauf bis oben hin und kann aus exklusiver Perspektive die Bw-Atmosphäre bildlich festhalten. Das fing ja schon gut an, mitten hinein in die heiligen Stätten.
Hilde hatte Bouletten gebraten, die wurden mit Appetit auf Brot verzehrt, ein Genuss! Dazu gab es ein Glas mit länglich-olivem Inhalt, sauer eingelegte Brechbohnen, hatte ich bis dato nicht gekannt, wurden ab diesem Tag zum ständigen Begleiter beim Essen, aber auch bei den Gesprächen bis tief in die Nacht.
Die zweite Nacht arrangiere ich mich noch mit diesem garstigen Federtier, dann frage ich freundlich, ob es möglich wäre, ihm den Schnabel zu verbieten. Ja, natürlich, sagt Hilde erstaunt bis erschrocken, daran hätte man gar nicht gedacht, das ist doch kein Problem. Jetzt hätte ich wohl keinen Schlaf gekriegt, nein, nein, keine Sorge.

Am nächsten Tag hatte Klaus Dienst auf 58 3017, Spätschicht nach Gera, mit dem P 6074 nach Gößnitz geht's los, von dort Dg 56354 nach Gera, drehen und zurück nach Gera-Süd, Dg 51437 anspannen und um Mitternacht wieder in Glauchau. Eintrag im Taschenbuch Triebfahrzeugpersonal: 15.25 Uhr Dienstbeginn, Dienstende gegen 1.30 Uhr. Als er in der Nacht nach Hause kommt, höre ich ihn leise die Tür öffnen, damit niemand wach wird.

Für mich beginnen intensive Jahre auf den Spuren der Dampflok, auf den Fersen von Klaus Schwarzenberg, Oberlokführer beim Bw Glauchau. Gelernt hast du Weber, wie viele in dieser Stadt mit langer Webertradition, bevor du auf Geheiß deiner Fußballfreunde zur Reichsbahn wechseltest und dort über die üblichen Stufen zum Lokführer wurdest, auf der 75er, 58er und so weiter. Vom Kohlelader im Bw über den Heizer auf Rangierlok, Heizer auf der Streckenlok, dann die 10. Klasse nachholen und parallel dazu Ausbildung zum Lokschlosser, ein paar Jahre in der

▲ *Schmalspuridylle in Steinbach. Während das Wasser fließt, gibt es Neuigkeiten auszutauschen, derweil der Heizer die technische Seite des Vorgangs erledigt. Die Schmalspurbahn Wolkenstein-Jöhstadt konnte noch das Flair längst vergangener Bimmelbahnzeiten vermitteln, ein enormer Zeitsprung für den aus westlich-modernen Gefilden angereisten Besucher. Der aber suchte genau das.*

März 1980

▲ *Auch bei der Rückfahrt ist Zeit für ein Schwätzchen, und ich schaue etwas nervös zur Uhr, ob der Anschluss in Wolkenstein wartet? Eine solche Bahn war ein Mikrokosmos ganz eigener Art, hier tickten die Uhren anders, und alle, denen die Zeit im Nacken saß, konnten nur ins Schwitzen kommen.*

Steinbach, März 1980

▲ *Das Leben auf und an der Schmalspurbahn war geruhsam, die Menschen, die sie nutzten, waren bescheiden und liebten ihre Bahn.*

Steinbach, März 1980

Werkstatt. 1972 Zulassung zur Lokführerausbildung, erst Diesel, dann Dampf, ab 1976 standest du dann am Regler, schließlich noch die E-Lok. Deine Touren, deine Dienstpläne werden nun zu Eckpunkten meiner Tagesplanung, ja meiner Reiseplanung insgesamt. Minutiös arbeiten wir am Vorabend, oder wann auch immer dafür Zeit ist, den nächsten Tag aus, welche Züge wann wohin fahren mit welchen Lasten und über welche Strecken. Und dann ging es um die besten Fotopunkte, die kanntest du natürlich auch, beschriebst mir oft die Anfahrt dahin und machtest mich auf allerhand Besonderheiten aufmerksam. Sogar zu den Fahrzeiten mit dem Auto von Fotostelle zu Fotostelle hattest du wertvolle Tipps, denn du kanntest die Gegend wie deine Westentasche. Ich hatte also Aufträge zu erledigen, Planungen in die Tat umzusetzen, und das tat ich nur zu gerne. Die Pausen, die der Umlauf euch bei längeren Aufenthalten oder zwischen den Zügen gönnte, brachten nicht selten neue Begegnungen und Zeit für ein Pläuschchen, oft mit anderen Kollegen. Dann wurde erzählt, gelacht, erinnert, gelästert, bis die Uhr wieder zum Dienst rief.

▲ *Ruhe ist, ihre 4 verbliebenen Schwestern tun Dienst, die letzten 6 Reko 58er der DR. Drei Monate später bleibt nur noch eine Planmaschine übrig, die rechte. Bei einem aufregenden Gang über das Gelände, in Bw's traute ich mich ja nicht hinein, kamen wir sogar fast bis hinauf aufs Dach. Niemand nahm Anstoß, man grüßte, und es wurde bekannt, dass Klaus Westbesuch hat.*

Bw Glauchau, Juli 1980

▶ *An dienstfreien Tagen zeigtest du mir die Gegend, natürlich alles in der Nähe der dampfenden Schiene. Auf dem Brückchen über der Bahnhofseinfahrt wartend, war das nahe Ende dieser Baureihe und auch des Glauchauer Dampfeinsatzes noch kein Thema.*
Einfahrt Oelsnitz/Erzg., 58 3017, Juli 1980

◀ *Einträchtig stehen sie da nebeneinander, 58 3031 und 3047, Startaufstellung zum nächsten Rennen.*
Glauchau, 17. August 1979
(Foto: Thomas Böttger)

◀ *Umlaufbedingt bespannten die Glauchauer Reko 58er bis 1981 auch kurze Personenzüge auf der „Höhlteichbahn“, welche Nebenbahnatmosphäre vom Feinsten bot. Am 27.6.1979 fuhr 58 3007 mit vier „Genickschusswagen“ in den Haltepunkt Ursprung ein. Einst diente die Bahnstrecke Neuoelsnitz–Wüstenbrand der Steinkohleabfuhr aus dem Lugau/Oelsnitzer Revier. Da die Schließung der Schächte bis zum Jahr 1972 vollzogen war, hatte diese Linie bereits die besten Zeiten gesehen. So gab es an Werktagen nur noch vier Zugpaare, sonntags war Ruhe. Kein Wunder also, dass der letzte Reisezug schon am 10. August 1990 verkehrte. Eine der ersten Strecken in Sachsen, welche Opfer der „Wende“ wurde. Wenn auch die Gleisanlagen längst abgebaut sind und heute Radfahrer von der Trasse Besitz ergriffen haben, so konnte zumindest das Empfangsgebäude nebst Freiabtritt vom Verein Haltestelle zu Ursprung e. V. museal erhalten werden.*

(Foto: Thomas Böttger)

◀ *Am 22.1.1978 wartete 58 3053 mit einem Personenzug nach Gera eine Kreuzung im Bahnhof Ronneburg ab. Mangels eigenen fahrbaren Untersatzes hatte der jugendliche Fotograf die Mitfahrgelegenheit bei einem „Wessi“ genutzt. In Ronneburg zweigte die legendäre Wismut-Werkbahn ab, auf der auch nichtöffentliche Schichtarbeiterzüge verkehrten. Bis 2014 wurde der Betrieb noch von der Wismut GmbH durchgeführt, um Sandzüge für die Sanierung der Bergbaufolgeschäden zu fahren. Empfangsgebäude und Formsignale sind inzwischen Geschichte.*

(Foto: Thomas Böttger)

◀ *Auch auf der seit 1963 bis Reichenbach/Vogtland elektrifizierten einstigen Sächsisch-Bayerischen Staatseisenbahn (Leipzig – Hof) verkehrten die Glauchauer 58.30. 1971 war 58 3051 mit einem Güterzug in den Bahnhof Crimmitschau eingefahren. Die Maschine wurde bereits im Januar 1977 vom Bw Riesa an den VEB Fortschritt Neustadt/Sachsen als Heizlok abgegeben. Auf dem Hausbahnsteig hatten Reichsbahner ihre zweirädrigen Gefährte abgestellt. Das repräsentative Empfangsgebäude des Bahnhofes Crimmitschau wurde 1873 eröffnet, damals befanden sich darin Dienstwohnungen für Eisenbahnerfamilien. Es ist auch heute noch vorhanden, wartet aber, trotz vieler Ideen, auf eine sinnvolle Nachnutzung.*

(Foto: Ralf Ludwig/Sammlung Thiele)

◀ *Im Juni 1979 feierte die Deutsche Reichsbahn das 100jährige Bestehen der Strecke St. Egidien – Stollberg. Pünktlich zu diesem Jubiläum konnte die betriebsfähige Aufarbeitung der Museumslokomotive 38 205 im Raw Meiningen abgeschlossen werden. Mit historischem Wagenmaterial war diese Hartmann-Lok erstmals im Sonderzugeinsatz zu erleben. Hier begegnete sie am 16.6.1979 in Oelsnitz/Erzgeb. der mit einem Güterzug ausfahrenden 58 3017. Der Bahnhof verfügte über umfangreiche Gütergleise, die einst der Steinkohlenverladung dienten. Im Zuge der 7. Sächsischen Landesgartenschau 2015 erhielt dieses lange Zeit brach liegende Gelände eine Aufwertung. Es entstand ein Freizeitpark mit Pflanzungen, Liegewiesen, Eisenbahn- und Wasserspielplatz, Skatepark, Naturlehrpfad, Kneippanlage sowie Gradierwerk. Auch das Empfangsgebäude wurde denkmalgerecht saniert, ein gutes Beispiel der „modernen“ Bahn.*

(Foto: Thomas Böttger)

Es wird Wagen geben,
die von keinem Tier gezogen werden
und mit unglaublicher Gewalt
daherfahren.

(Leonardo da Vinci)

Dampflok hautnah

Regen klatscht mir ins Gesicht, und immer wieder mischen sich Aschekörnchen dazwischen, die winzigen Geschossen gleich auf die nasse Haut treffen und die zu schmalen Schlitzen verengten Augen nur um Haaresbreite verfehlen. Weit aus der Türöffnung gelehnt, noch ein Stückchen weiter als der lederbemützte Herr des Reglers eine Armlänge vor mir, verkrampfen sich meine Hände um kaltes Eisen, suchen festen Halt auf der bedrohlich rüttelnden Verbindung zwischen Lokomotive und Tender. Ein riesiger, schwankend-schwarzer Kessel erstreckt sich voraus auf filigranem Strang und speit braungrauen, fetten Qualm durch den Schlot hoch hinaus, aus undichten Rohrverbindungen züngeln nervöse, watteweiße Fähnchen. Mit gewaltiger Wucht jagt geschundener Dampf in die ersehnte Freiheit, reißt nach getaner Arbeit Ruß und Asche, heiße Kohlengase mit sich in den Himmel, kondensiert und formt eine lange, voluminöse Spur über dem Zug, die sich schließlich weit hinten mit dem wolkenverhangenen Himmel vereint.

Mit donnerndem, 3-zylindrigem Auspuffschlag zerrt diese fauchende Höllenmaschine mit dem Namen 58 3017 eine 1000 Tonnen schwere Last in die Steigung hinein, in der gewaltigen Rauchsäule zeigt sie sichtbar ihre Anstrengung, nahe der Grenze ihrer Leistung. Jetzt beginnt die Schufterei, jetzt muss sie zeigen, was in ihr steckt, denn sie arbeitet gegen die Unerbittlichkeit der Naturgesetze, die sie in die Knie zwingen wollen, jetzt muss sie aufbieten, was sie hat, alle Kräfte aus Kohle, Wasser und Feuer, und sie nimmt die Herausforderung an. Meter um Meter frisst das alte Dampfroß trotzig den stählernen Strang, als wolle es sich einfach nicht kleinkriegen lassen. Und doch muss sie nachgeben, verringert sich ihre Fahrt, immer quälender ihr Ruf, immer langsamer die Drehung dampfender Räder, noch halten ächzende Treibstangen sie unter gewaltigem Druck in Bewegung. Ein Geruch von heißem Öl und muffigem Dampf entströmt der hart arbeitenden Maschine wie ihr Schweiß, aus Schornstein und Zylindern presst sie den angestauten Atem zischend, pfeifend, wummernd hinaus, schöpft neue Kraft, um ihre Glieder dann ein weiteres Mal zu strecken, und noch einmal und noch einmal, mühsam und immer mühsamer, aber dennoch.

Fast tut er mir leid, dieser Haufen Stahl. Ich grinse unwillkürlich, habe mich wieder einmal ertappt. Sie drängen sich eben unausweichlich auf, jene anthropomorphen Vergleiche, zu denen uns diese Maschine vielfältigen Anlass gibt. Die Ähnlichkeiten zu den Erfahrungen von Anstrengung, Kraft, Bewegung, Arbeit, Mühe u. a. m. sind frappant, und genau deswegen ist vielen Menschen diese Maschine so nahe, mehr als ein Haufen Stahl, wird es überhaupt möglich, von der Dampflok als der menschlichsten aller Maschinen zu sprechen. Sie offenbart ihr Wesen, lässt sich in die Karten schauen, lässt teilhaben an den Kräften, die in ihr toben und zieht uns so hinein in ihren Bann - und lässt uns erschaudern. Ja, auch die Gewaltigkeit ihres Ausdrucks gehört dazu. Kleinen Kindern ist sie daher unheimlich.

Mich als Beobachter lässt dies alles höchst wach werden, wie zu einem Teil dieser Maschine, ihrer Mühe. Unbeteiligtsein ist unmöglich, für Männer spricht diese Szenerie Bedürfnisse an, die an archaische Strukturen ihres Unterbewusstseins rühren.

Der Heizer reißt die Feuerluke auf, wuchtet die Schaufel in den Kohlenhaufen, setzt sie schwungvoll auf den Lukenrand, ein letzter Kick, und das schwarze Gold fliegt in die hinterste Ecke der Feuerbüchse, begräbt gleißende Glut unter sich, einen Augenblick später schießt fetter, brauner Qualm aus der Esse, zeugt von erfolgreicher Arbeit. Glänzende Tropfen auf seiner Stirn sprechen

▲ *Einfahrt Lichtenstein, die Lok kämpft mit dem Berg, das Wetter mal wieder mehr als bescheiden, und doch und gerade, den Zug schon von weitem zu hören, auf seiner anstrengenden Bergfahrt, wie er sich schemenhaft aus dem Nebel herausschält, kurz vor der Reibungsgrenze, der Flügel noch waagerecht, zwei drohende Pfiffe in Richtung Fahrdienstleiter, unwillig hebt er sich dann doch, der Zug muss seine Fahrt kaum verlangsamen, wäre hier und auf den glitschigen Schienen zur Herausforderung für alle Beteiligten geworden, übrigens auch der Anwohner – all das ist ein Schauspiel von bedrängender Intensität.*

50 3523, Lichtenstein, März 1986

eine deutliche Sprache, und sein Tag dauert noch 3 Tonnen. Die Nadel des Kesseldruckmanometers vibriert in der Nähe der roten Markierung, daneben schwappt Flüssiges hinter Glas, der Wasserstandanzeiger, weder zu viel noch gar zu wenig davon darf zu sehen sein.
Und der Meister vor mir, was mag er jetzt denken? Mit festem Griff ist seine Hand um den Regler geballt, jederzeit bereit, den schwergängigen Hebel zurückzuziehen, wenn die Räder nicht mehr greifen, die alte Dame zu beruhigen. Er weiß, was sie kann, auf nassen Schienen, muss genau hinhören, die entscheidenden Geräusche in der akustischen Kulisse erkennen, um rechtzeitig mit Steuerung und Regler zu reagieren. Mir kommt Theodor Fontane, ‚John Maynard', aus uralten Schulzeiten in den Sinn: „Wie weit noch, Steuermann?!" Hinter der tobenden Maschine lehnt er scheinbar gelassen aus dem Fenster.

Ein langer Weg hier herauf auf den Führerstand einer ausgewachsenen Dampflok, zum Erleben des rauen Alltags eines ganz normalen Planeinsatzes, Erfüllung eines lang gehegten Wunsches aus frühester Zeit. Ihn Wirklichkeit werden zu lassen war nicht selbstverständlich, zumal wenn in der Familie kein Eisenbahner zu finden und die nächste Bahnstrecke 15 Kilometer entfernt war. Heute ginge das deutlich einfacher. Die verbliebenen Dampfschmalspurbahnen in unserem Land bieten nämlich Kurse an, in denen man ein Heizer- oder Lokführer-Zertifikat erwerben kann, wenn auch für gutes Geld. Eine attraktive Sache für den Hobby-Lokführer und willkommene Einnahmequelle für den teuren Dampflok-Einsatz. Doch weder Geld geschweige denn entsprechende Angebote standen mir seinerzeit zur Verfügung. Pioniergeist war gefragt, eine Portion Kühnheit und auch Glück waren notwendig, an die Eisenbahn, die Dampflok heranzukommen und sie aus Lokführersicht, gar aus Dampflokführersicht zu erleben. 1974 gab es auf westdeutschen Gleisen

durchaus noch das eine oder andere Dampfross zu sehen, es galt lediglich, sie aufzuspüren und größere Entfernungen zu überbrücken. Mangels finanzieller Masse in spätpubertärer Phase war das Fahrrad die einzige Möglichkeit, das 20 km entfernte Betriebswerk eines größeren Rangierbahnhofes zu erreichen, auch mehrmals die Woche. So gestaltete sich schon die banale Anreise zum Ort des dampfenden Geschehens in den frühen Jahren unserer Leidenschaft zu einer problematischen Freizeitbeschäftigung. Im Rahmen knapper Zeit, die die Schule noch ließ, wuchsen sich solche Ausflüge zu abenteuerlichen Eskapaden aus, schlechtes Gewissen und Ärger mit der Familie waren der Preis. Doch nichts von all dem konnten jugendlichen Leichtsinn und Abenteuerlust aufhalten, die sirenengleiche Anziehungskraft der Dampflok auch nur annähernd beeinträchtigen. Lo(c)kruf - Risiko und Reichweite so mancher Aktion wurden erst sehr viel später bewusst.
Die erste Mitfahrt auf einer Lok ist mir noch in lebhafter Erinnerung, obwohl schon mehr als 4 Jahrzehnte zurückliegend. 1977 war das Ende des Dampflokbetriebes bei der Deutschen Bundesbahn, zu früh für mich Dampflok-Anfänger, die mutige Frage nach einer Mitfahrt auf der 043 oder 042 im Emsland oder gar 1974 im Bw Löhne zu stellen (dort trafen sich seinerzeit 44er aus Hamm und Ottbergen, 50er aus Lehrte und 042/043 aus Rheine, für meine damaligen Verhältnisse ein geradezu paradiesischer Zustand, sich „aalen“ in Dampfloks). So wurde eben ich gefragt, vom Lokführer, der mich beim Bw-Besuch begleitete. Paradoxie des Lebens: mein erster Führerstand war der einer E-Lok. Dieser freundliche Lokführer bot mir an, eine Fahrt um den Kirchturm mitzumachen, ein paar Güterwagen aus einer Nachbarstadt abholen. Wahnsinn, damals, wenn auch nur E-Lok. Der Meister hat mir den Wunsch von den Augen abgelesen, konnte nur leider keine Dampflok bieten, dafür aber den Fahrschalter, die Sifa, das Bremsventil, Indusi, kurz, ich durfte tatsächlich Lokführer spielen. Und hatte einen geduldigen, sehr verständnisvollen und vielleicht auch ein wenig stolzen Lehrmeister. Sein Name ist längst meiner Erinnerung entfallen, und doch ist er es wohl gewesen, der die schwelende Glut entfachte. Auf der Rückfahrt kommt uns dann zu allem Überfluss auch noch ein Dampfzug entgegen - das Bild hat sich eingebrannt, es muss eine 44er gewesen sein. Und weitere sechs Jahre gingen ins Land, dann endlich fuhr ich auf einer Dampflok mit, in der DDR. Dort waren die Dampfrösser noch 11 Jahre länger unterwegs als ihre Schwestern im Westen, und so wartete jenseits der Mauer auf uns Dampflok-Narren noch lange Zeit ein Eldorado, das eine kleine Schar Unerschrockener bis in die letzten Winkel auslotete und auskostete. Soweit Zeit und Mittel es zuließen, habe ich mitgemischt, es waren randvolle Jahre.
„Zwei Flügel“, ruft der Heizer herüber, bringt mich an den Ort gegenwärtigen Geschehens zurück. Das Einfahrsignal von Schmölln kommt in Sicht, Halt im Bahnhof, planmäßige Kreuzung mit dem P 6051, eine kurze Pause für alle Beteiligten. Langsam rollt die Fuhre über die Weichen in eines der Ausweichgleise, kommt beinahe sanft vor dem Ausfahrsignal zum Stehen. Es ist 17.30 Uhr. Eine Schachtel Zigaretten geht herum, es wird gefachsimpelt und ich darf mich im Kohlenschaufeln versuchen. Unter den Augen grinsender Routiniers knallt die erste Schaufel an den Lukenrand, Kohle überall, nur nicht im Feuer, großes Gejohle.
17.42 Uhr, die Ausfahrt steht, und jetzt hat der alte Hase auch nicht mehr viel zu grinsen: Anfahrt auf nassen Schienen, mit einem schweren Zug am Haken, das ist immer Millimeterarbeit mit Steuerung und Regler, fein dosiertes Sanden. Unser Aufenthalt hatte lang gedauert, wir lagen nicht mehr im Plan. Jetzt musste es zügig weitergehen. Also nicht kleckern, sondern klotzen, Dampfgeben bis an die Grenze ... wum, wum, wum, wum, wum, wum ... eine Idee zuviel. Die Räder

▲ *Nachdem endlich in dieser eher öden Gegend ein passabler Standpunkt gefunden war, begann dann aber ein Schauspiel, das mir noch heute in den Ohren klingt und wir auf dieser Strecke, wenngleich in leichter Steigung, so nicht erwartet hätten. Schon bei der Ausfahrt aus dem Bahnhof Ströbeck (am Horizont) steigt ein gewaltiger Pilz auf, 50 3556 kämpft sich mit dem N 67754 im Schneckentempo heran, der Auslöser klackt etliche Male.*
Zwei Augenpaare schauen sich entgeistert an. Was war das denn?!
Wahrscheinlich Überlast, nehmen wir zumindest fachmännisch an.

6. März 1982

schleudern, schmirgeln die Schienen blank, und eine hohe Rauchsäule steil zum Himmel markiert den Standpunkt. Unser Meister reißt den Regler zurück, die Rechte bereits an der Steuerung. Ins Führerhaus kommt Leben, wo soll ich zuerst hinsehen? Der Pyrometer zeigt starken Temperaturabfall des überhitzten Dampfes an, das Durchdrehen der Räder hat Wasser aus dem Kessel in die Zylinder übergerissen, Strohhalmeffekt. Im Fachjargon: Die Maschine hat gekotzt. Da hat es der Heizer zu gut mit dem Wasserstand im Kessel gemeint. Kaum hat das Auge des Meisters den Pyrometer verlassen, hat er schon die Zylinderentwässerungshähne geöffnet und die Steuerung gegriffen, kurbelt rasch vor auf volle Füllung. Der Schieberkastendruck sinkt ab, eine gewaltige Wolke nimmt die Sicht. Noch mal gut gegangen, denn flüssiges Wasser im Zylinder kann für den Kolben die Wirkung einer Betonmauer haben, so als wolle man Wasser in einer Röhre zusammenpressen. Feiner Sand rieselt auf die Schienen, und dann gibt die Linke den Dampfstrahl wieder frei, die Räder greifen und die Rechte dreht die Steuerung nach und nach auf die gewünschte Füllung zurück, Entwässerungshähne zu. Gewaltig wummern wir aus dem Bahnhof hinaus, nehmen die letzte Etappe der Steigung in Angriff.

Am breiten Kreuz des Meisters vorbei versuche ich mühsam, das Triebwerk in den Blick zu bekommen, verfolge das verwirrende Spiel von Hebeln und Stangen, die kreisenden Speichen, deren Bewegung das Auge mittlerweile schon verfolgen kann. Die Dampfmaschine schuftet, kämpft sich die letzten Meter hinauf, nur noch eine Zuglänge vom Scheitelpunkt entfernt. Alles ist heiß, dampft, raucht, zischt, rüttelt, stemmt sich der bergab zerrenden Last entgegen, kämpft sich voran, Wagenlänge um Wagenlänge. Im zügigen Laufschritt könnte man ihr nun folgen, und sie bewegt sich immer noch. Dann, endlich, neigt sich der Schienenstrang in die Waagerechte, hinein in den Bahnhof Raitzhain. Noch ein Blick auf die verschmierte

Seite des Buchfahrplans, Ende der Steigung, und ich bedaure ein wenig. Sie jubelt, Entspannung auf der akustischen Bühne. Mit munterem Auspuff geht es ins Gefälle, der Meister zieht den Regler ein. Jetzt ist nur noch das Rattern der 48 Achsen des Dg 56354, des „Dreckzuges", Schlacke aus der Nickelhütte in Hohenstein-Ernstthal zur Zementherstellung nach Karsdorf an der Unstrut, zu hören, im Leerlauf klackerndes Gestänge und die polternde Luftpumpe.

Abspannen in Gera, dann rumpeln wir langsam über Weichen in Richtung Drehscheibe. Bevor ich mich ins Innere zurückziehe, um neugierigen Blicken zu entgehen, ist eben noch zu erkennen, wie die letzte Weiche keine 20 m vor uns umgelegt wird. Verdammt, das hätte gerade noch gefehlt! Ich wage nicht an die Folgen einer Entgleisung zu denken. Körperliche Unversehrtheit einmal vorausgesetzt, wäre es uns allen dreien böse an den Kragen gegangen, ein Westbürger auf der Maschine, eine bedrückende Vorstellung bei der allgegenwärtigen Trapo. Geflucht haben sie denn auch, die beiden schwarzen Männer, über die Nasen im Stellwerk, geballte Faust in ihre Richtung, dann war das Thema erledigt. Wer ohne Schuld ist, der werfe den ersten Stein.

Drehen, Wassernehmen, und dann rollen wir zurück nach Gera-Süd, dort wartet die Rückleistung als Dg 51437, auch der lang und schwer. Bis zur planmäßigen Abfahrt ist noch viel Zeit, also in Ruhe die Maschine inspizieren. Abölen, hier und da ein Schlag mit dem Hammer, kritische Blicke taxieren das Wirrwarr von Rohren, Stangen, Behältern, Hebeln ...

Der Meister erklimmt wieder den Führerstand, erstaunlich behände, kräftige, durchgegerbte Hände können zupacken und scheuen keinen Griff, wann immer der nötig ist. Ein freundliches, volles Gesicht ist immer zum Lächeln bereit, und der trockene Witz lauert stets auf den arglosen Hörer, denn im Humor steckt die wahre Weisheit. Kaum etwas bringt ihn spürbar aus der Ruhe, ein idealer Lehrer auf der Dampflok und dann später ihren Nachkommen, den brummenden, surrenden Zugmaschinen. Gemeinschaftsgeist und gegenseitige Hilfe sind ihm wichtig, unnötige Worte nicht seine Sache, wohl aber verantwortungsbewusster Einsatz für Mensch und Maschine. Persönlichkeiten wie er waren das Salz in der Suppe, wir haben ihm einiges zu danken.

▲ *Die Einfahrt in den Bahnhof Niederwiesa war noch nicht frei, so dass der Zug fast zum Stehen kam. Dann zwei Flügel und eine schöne Anfahrt hingelegt. Wir hatten uns sofort in dieses Motiv verliebt, hier gingen wir nicht mehr weg, bis ein Dampfer kam. 50 3543 vom Bw Karl-Marx-Stadt mit dem Schotter aus Berbersdorf muss ihren Zug noch über das kleine Viadukt zerren, wir drücken beglückt auf den Auslöser.*
August 1983

Wie er sich nun so auf seinen Hocker rechts niederlässt und mir einen Schluck aus der Teekanne anbietet, bin ich mit meiner Hose beschäftigt, das heißt mit seiner Hose, also diesen riesigen Beinkleidern, in deren eines ich seinerzeit wohl ohne Mühe hineingepasst hätte. Ein einfacher Bindfaden hält sie noch oben, doch die vor Stunden eilig geknüpfte Schleife beginnt sich aufzulösen. So stehe ich da, in der einen Hand einen Becher heißen Tee, in der anderen den Hosenbund. Jetzt steigt auch noch der Heizer herauf, sieht den Fingerzeig und die Mimik von gegenüber, und dann

geht das Gefeixe los: „Na, du hast dich heute wohl in der Hose vergriffen, was!? Wen willst du denn da noch mit reinnehmen?“ Sie halten sich die Bäuche vor Lachen, ich den Bund fester.
Er hatte mir gestern Abend eine seiner Dienstkluften in die Hand gedrückt, damit ich wenigstens rein äußerlich inkognito bleiben konnte. Beim Wechseln der Hose heute Nachmittag im Auto vor dem Bahnhof erschien dann der Teufel einmal mehr im Detail, und mir fehlte natürlich jegliche Schnur oder gar ein Gürtel. Schon beim Gang auf den verabredeten Bahnsteig hatte ich Mühe, den enormen Hosenbund mit einer Hand unauffällig so zu raffen, dass zumindest ein argloser Blick nichts Außergewöhnliches bemerken würde. Und dann stehe ich da, hebe die Hand zum Gruß: „Glück auf!“, bin noch einen kurzen Moment unschlüssig, wie jetzt einhändig dort hinauf? Egal, mit der freien Hand die Griffstange gefasst, einen Fuß auf den ersten Tritt, der zweite, umgreifen, ich baumele wie eine Wurst an der Stange, die zweite Hand muss her, für einen kurzen Moment, das reichte - den Beinkleidern. Sie glitten widerstandslos bis auf halb neun. Mist, mit der Linken schnell herabgegriffen, hochziehen und dann doch einhändig hinauf. Ein klassischer Akt unfreiwilliger Komik, der unvergessene Charlie Rivel hätte seine helle Freude gehabt. Hier hat es wohl niemand gesehen, mein Bedauern hält sich in Grenzen. Auf der Lok reicht man mir grinsend ein Stück Schnur, die ich eilig um die Hüfte binde.
So, und nun können sie sich also vor Lachen kaum halten, wie ich so dastehe in der luftigen Dienstkluft, unter der reichlich großen Dienstmütze, unter die auch noch die Ohren passen. Zum Frotzeln war nämlich vorhin kaum Zeit, denn ich war gerade oben, da bekamen wir auch schon Ausfahrt, erheblich vor Plan, und der Meister hatte alle Hände voll zu tun, die 1000 Tonnen ins Rollen zu bringen.
Und auch jetzt wird der Spaß ganz plötzlich von einem Flügel beendet, von einem, der sich nach oben bewegt, gut 30 Minuten vor Planabfahrt! Da hatten wir den Salat, und an allem war nur die Hose schuld. Spaß vorbei, da hilft kein Jammern, es musste losgehen. Aber wie? Der Blick auf das Manometer offenbart eine erschreckende Wahrheit: 10 Piepen (atü) auf dem Kessel! Ach du liebe Güte, da haben wir uns aber schön verquasselt. Das reicht mal eben für einen müden Pfiff. Ohne Vorwurf in Richtung jungem Heizer greift der Meister höchstpersönlich zur Schaufel, und dann gibt's auch noch einen kräftigen Ruck von hinten. Die Schublok am Zugende, die für die Steigung bis Ronneburg nachhelfen soll, fordert uns unmissverständlich auf. Dort genügt ein Griff zum Fahrschalter, doch hier muss erst mal Dampf gemacht werden. Ein ordentlicher Schwung Kohle verschwindet im Ofenloch, die Nadel des Manometers ändert unwillig die Drehrichtung. Luke zu, Pfiff, und mit 11 Piepen schleichen wir davon. Glück im Unglück: Planmäßig hätte am Zugschluss eine 110er schieben sollen, um einiges weniger schubkräftig als die wesentlich größere 120er. Das wäre dann für 1000 Tonnen und vorne ein „Teekessel“ wohl knapp geworden. So kommt aber die Masse der Güterwagen doch in Fahrt, und statt mit hohem Kesseldruck verlassen wir mit ersatzweise ordentlichem Rauchpilz Gera-Süd.
In Ronneburg zeigt das Manometer mit 14 atü fast wieder Betriebsdruck an, die Schublok wird abgekuppelt, für die Steigung bis Raitzhain reicht der Dampf, und wir stampfen in den Abend hinein. Die Sonne blinzelt durch ein paar Wolkenlücken und teilt die Landschaft in lichte und schattige Flecken. Kurvenreich windet sich die Strecke durch das hügelige Land, an einem einsamen Schrankenposten ein kurzer Gruß, dann rattert die Wagenschlange an einem Haltepunkt vorbei ... Haltepunkt ... halt mal, ja richtig, das ist doch ... vor zwei Jahren stand ich hier mit einem Freund, erstmals in diesem Land unserer dampf-

geschwängerten Träume. Wir warteten auf unseren Zug nach Glauchau, dampfbespannt, waren unterwegs ausschließlich per Bahn, mit Rucksack und jenem zerschlissenen Zelt. Erstaunte wie freundliche Menschen gewährten uns Unterschlupf, im Garten, auf der Wiese hinter dem Haus. Die Gedanken streben zurück, ein erster zarter Hauch von Heimat in einem noch geheimnisvollen Land ...

Bei Einbruch der Nacht kommt die Maschine in Gößnitz zum Stehen, für mich ist hier Endstation. Drei Dampflok-Eisenbahner klettern von ihrem Ross und stiefeln über die Gleise auf den Bahnsteig, sinken mit zufriedenem Seufzer auf eine Bank. Noch ein Kollege kommt hinzu, schon die Begrüßung entlarvt mich, und wir sind mittendrin in der erlebten Fahrt, in der Welt der Dampflok. Pünktlich um 22.00 Uhr setzt der Zug sich dann zur letzten Etappe in Bewegung; ein einzelner ‚Eisenbahner' schaut ihm noch ungewöhnlich lange nach, bis die lange, weiße Dampffahne von der Dunkelheit aufgesogen und das Dampflok-Echo verklungen ist. Ich wende mich ab, das Stück ist zu Ende, danke, Klaus, bis gleich, und schlendere benommen durch die verwaiste Bahnhofshalle. Im Wagen entledige ich mich mit einem Lacher der geborgten Kluft und mit dem Rauch einer Zigarette Marke Club, VEB Tabak Nordhausen, zieht auch der Tag noch einmal an mir vorbei. Mensch, war das gut!

▲ *58 3028 verlässt Gera-Süd im Juli 1980 mit Dg 51437 Richtung Heimat. Zwei Tage vorher hatte ich das unaussprechliche Vergnügen, diesen Zug auf dem Führerstand erleben zu dürfen.*
In zwei Monaten sind die Dampfgüterzüge Glauchau - Gera Geschichte. An diesem lauen Sommerabend aber reicht mir schlicht das Glück an der Schiene, den Zug vorbeidonnern sehen, das schweflige Parfüm schnuppern und an und ab auf den Auslöser drücken.

Grosse Leidenschaften sind Krankheiten ohne Hoffnung – was sie heilen könnte, macht erst recht gefährlich.

(Johann Wolfgang von Goethe)

Glauchauer Sternfahrten

Von Glauchau als „Basislager" aus ging es auf unseren Touren sternförmig in alle Richtungen, wo noch Dampfer zu finden waren. Da waren zunächst einmal die Glauchauer Hausstrecken ins Muldental bis Großbothen und nach Oelsnitz, Anfang der 80er auch noch Richtung Gera, dann ging es natürlich nach Saalfeld und zum Rennsteig, nach Nossen, Döbeln, Kamenz, Schlettau, Wolkenstein und ins Zschopautal, nach Aue, Karl-Marx-Stadt und Oberwiesenthal, Pockau-Lengefeld, in die Oberlausitz und nach Mügeln. Mehrere 100 Kilometer pro Tag kamen durchaus zusammen, denn um lange Wartezeiten zu vermeiden, wechselte man von Strecke zu Strecke, wo das sinnvoll möglich war. Die Dampfzugdichte war Mitte der 80er schon eher gering, so dass mal hier und mal dort ein Zug fuhr, und dazwischen stundenlang Pause. Es ergaben sich sogar Routinen, Abläufe, die öfter vorkamen, Straßen, die mehrmals am Tag befahren wurden, weil sie die Einsatzorte verbanden, und Zeitpläne, die sich als machbar erwiesen. Zweimal erlaubte ich mir den Luxus, eine befreundete Familie von Glauchau aus in Stralsund zu besuchen. Bei einer dieser Touren kamen innerhalb von 10 Tagen mit An- und Abreise knappe 5000 Kilometer zusammen. Als ich zuhause dem Wagen ächzend entstieg, rührte ich die Karre 4 Tage nicht mehr an, so hatte ich die Schn … voll.

Alleine war ich nur selten unterwegs. An und ab mit meinen westdeutschen Freunden Peter Kristandt, Volker Fröhmer und Herbert Thieme. Auch einen „Ossi" lernte ich kennen, den Reinhard Hirsch aus Gera, ein Dampf-Junkie wie ich. Wir sahen uns zwei Mal, waren auf seiner MZ und mit meinem R 4 unterwegs in Thüringen, verloren uns dann aber aus den Augen. Ausgerechnet in China am Ende der Welt sollten wir uns wiedersehen, das war ein Hallo.

Heute steht er der GeBaCo GmbH vor, die das

▲ *Lokalität in Nossen. Bei solch einer Beschriftung muss man sich ja fast fragen, wie ernst sie denn gemeint ist. Handelt es sich hier um die Wiedereindeutschung ausländischer Alltagsbegriffe? Es war uns jedenfalls auch in der DDR ein Foto wert.*

Oder ist es vielleicht eine Einrichtung zur Behandlung pathologischer Dampfloknarretei ...?

Juni 1986

Gelände des ehemaligen Bw Gera gekauft hat und organisiert allerhand Veranstaltungen.

Meistens aber war ein Schwarzenberg mit von der Partie, wer eben gerade dienstfrei hatte, außer Hilde natürlich, die konnte ja die ganze „Raserei“ nicht vertragen. Unser, ich sage mal, „westlicher“ Fahrstil war für meine Glauchauer Beifahrer anfangs gewöhnungsbedürftig, kein Wunder, war doch Autofahren noch in den 80ern eher ein Ausnahmevergnügen in der Zone. Man machte mich auch wiederholt auf diverse Straßenschilder aufmerksam, die mir in der Hektik mal wieder durchgegangen waren. Wahrscheinlich hat das 'ne Menge Geld gespart, wer weiß. Rainer war da besonders genau, ich glaube, er achtete mehr auf die Straßenschilder als auf die Dampfloks ... Allerdings verlor sich das auch mit den Jahren, das Vertrauen in den Fahrer wuchs mit jeder Tour, und schließlich wurde man sogar dazu angehalten, ordentlich Gummi zu geben, wenn wir den Zug noch erwischen wollten. Sehr hilfreich waren immer ihre Ortskenntnisse im sächsisch-erzgebirgischen Raum, Diskussionen über den günstigsten Weg gab es kaum. Auch die Gaststätten rechts und links der Schiene fuhren wir zielsicher an, so dass für das leibliche Wohl immer bestens gesorgt war. Wir kamen also ganz schön rum in der Heimat, und als der Dampfbetrieb in Glauchau zu Ende ging, konnte ich auf eine Straßenkarte verzichten und die Schwarzenbergs hatten ihre Streckenkenntnis aufgefrischt. Heute brauche ich die Karte oft wieder, denn die verkehrstechnischen Veränderungen sind gewaltig seit der Wende, erfordern ernsthaftes Umdenken, ich zeige mich sperrig.
Dass wir auf diesen Touren nicht immer alleine waren, konnten wir uns zwar ausmalen, aber bemerkt haben wir unsere unsichtbaren Verfolger kaum, dazu waren wir auch zu beschäftigt mit den Straßenverhältnissen, dem Suchen von Fotostellen, die Fahrpläne im Kopf, Geschichten erzählen, schau mal hier und schau mal da. Erst als die Akteneinsicht möglich war, wurde uns bewusst, wie genau wir unter Beobachtung standen. Als Beispiel mag folgender Bericht dienen aus dem Jahr 1986. Über sechs Tage lang wurden von 8.00 Uhr bis 18.00 Uhr aus dem Beobachtungsposten stündliche Notizen gemacht, mitunter natürlich auch in kürzeren Abständen, wenn sich vor dem Schwarzenbergschen Haus wieder etwas tat. Sieben eng beschriebene Schreibmaschinenseiten dokumentieren unseren Tagesablauf. An anderer Stelle wird minutiös festgehalten, wie wir uns in der Glauchauer Unterstadt mit dem Auto bewegten. Als die Herren Spione dann einen neuen Standort anfahren, um uns an der Tankstelle noch besser bespitzeln zu können, sind wir bereits wieder von dannen, Pech gehabt. In den Berichten liest man wiederholt, dass das Objekt verloren wurde aufgrund unserer zügigen Fahrweise. Unendlich viele Seiten Papier wurden in stundenlangen Schreiborgien vom Staatssicherheitsdienst vollgeschrieben, um dann im September 1986 lapidar festzustellen: siehe Seite 15.

▶ *Bw Gera, an einem heißen Sommertag. Angereist mit dem Moped von Reinhard Hirsch und mit einer gehörigen Portion Frechheit stiefeln wir ins Bw und lichten unbehelligt den stolzen Renner ab. In der fast vierstündigen Wendezeit zwischen dem P 8012 von Saalfeld und der Rückleistung P 8015 ließ sich das gut einrichten, das Personal war in der Kantine. Danke, Reinhard, für deine freundliche Dreistigkeit. Du wusstest damals schon, wie's geht. Ob wir unseren Dia-Abend noch mal hinkriegen?*

Juli 1980

▶ *Reinhard Hirsch und meine Wenigkeit, im Spiegel der Zeit. Reinhard, du warst ein cooler Typ, schade, dass wir uns nicht öfter gesehen haben.*
Dornburg, Juli 1980

19

Zwickau,d.o8.o5.86

BStU
000018

Betreff: Ergänzung zur Beobachtung des Objektes Thiele am 27.o4.86 11,oo Uhr in Glauchau

An diesem Tag wurde das Objekt Thiele observiert als es allein und ohne Gepäck mit dem PKW Opel-Ascona von der Straße der OdF in Richtung Stadtzentrum fuhr.
Auf Grund der zügigen Fahrweise wurde der PKW erst wieder auf Dr.Wilh.-Külz-Str.in Höhe der Muldenbrücke gesichtet.
Dabei hatte Thiele sich etwas links eingeordnet,so daß es den Anschein hatte,als wolle er links abbiegen.Fuhr aber weiter bis zur Kreuzung Dr.Wilh.-Külz-Str./Waldenburgerstr. und wendete das Fahrzeug im Kreuzungsbereich,obwohl dahinter noch 2 PKW folgten. Thile fuhr in entgegengesetzte Richtung und unmittelbar an die dort befindliche Tankstelle.
Das Fahrzeug der Beobachter fuhr gerade aus weiter und bog rechts in die Zimmerstr.ein. Ein Beobachter verblieb an der Ecke Zimmerstr.aße und beobachtete die Tankstelle.Zwischenzeitlich wurde der PKW der Beobachter gewendet und an der Kreuzung Zimmerstr/Dr.W.-Külz-Str.abgestellt.
Zu diesem Zeitpunkt befand sich der Thiele noch im Tankstellenbereich.Er hatte sich hier in die linke Spur der wartenden PKW eingeordnet. Vor ihm standen 3 Fahrzeuge,in der rechtenSpur ca.5 KFZ. Thiele verblieb im Fahrzeug.Da die Entfernung und Einsichtmöglichkeit von der Zimmerstraße zur Tankstelle ungünstig erschien,wurde das Fahrzeug der Beobachter in der Zimmerstraße gewendet und durch umfahren des Häuserviertels in der Waldenburgerstr.näher an die Tankstelle herangebracht.
Durch den 2.Beobachter konnte nur noch festgestellt werden,daß Thiele die Tankstelle in dieser kurzen Zeit in Richtung Leipziger Platz verlassen hatte ohne zu tanken bzw.etwas zu kaufen.Von diesem Zeitpunkt an wurde der PKW des Objektes verloren und es konnte nicht eingesehen werden ob dieser nach rechts oder links in die Güterbahnhof str. eingebogen ist.
Dies resultiert aus dem Verlauf der Fahrbahn,welche über die Muldenbrücke etwas erhöht ist.
Der weitere Fortgang der Beobachtung siehe Bericht Seite 7 vom 29.o4.86

Anlage: Faustskizze zur beschriebenen Örtlichkeit

KOPIE BStU

▲ *An diesem Tag wurde das „Objekt Thiele“ observiert ... Schon die Sprache macht den ganzen Wahnsinn offenbar. Man hörte das Gras wachsen, und mitunter sind die Berichte so naiv-formal verfasst, dass Zweifel am Geisteszustand der Verfasser in Betracht kommen.*

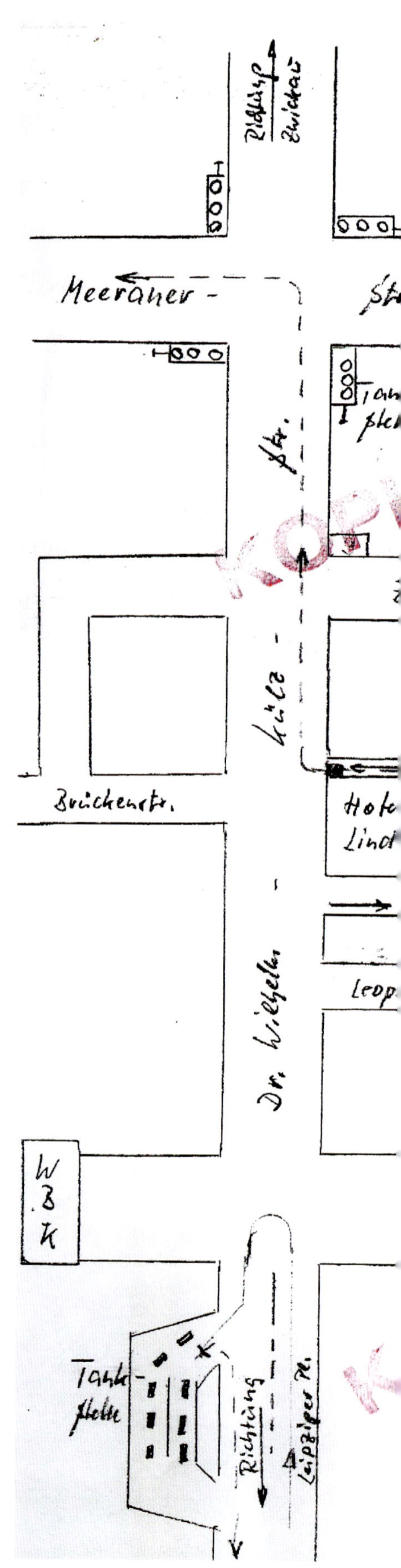

▶ *Sogar eine detaillierte Lageskizze mit Fahrtverlauf wurde angefertigt. Hier ist eine von vier Skizzen derselben Fahrt zu sehen. Zeit müssen die gehabt haben ...*

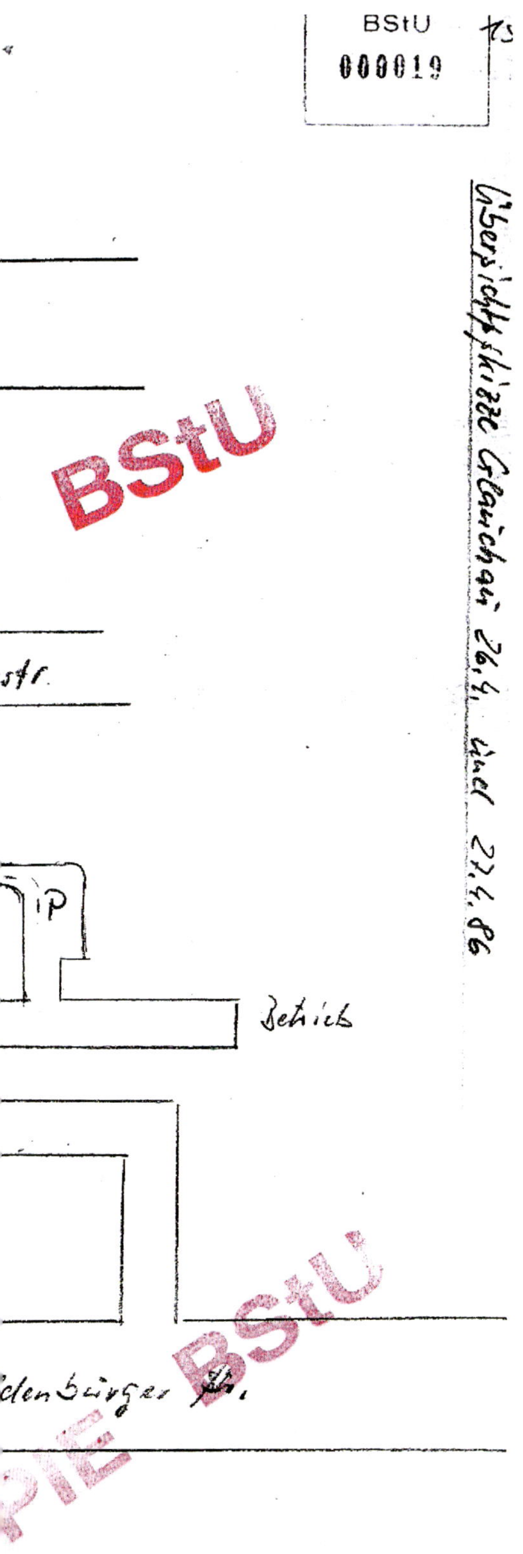

▲ *E 800 hat Ausfahrt, pünktlich 8.27 Uhr. Berauschende Dampflokintensität am frühen Vormittag. Ich will zur Quelle dieser dampfgeschwängerten Glückseligkeit, nach Saalfeld. Und dort wartet eine faustdicke Überraschung …*

März 1980

◀ *Der P 4004 mit kohlegefeuerter 01.5, in Saalfeld erst wenige Tage vor mir aus Berlin eingetroffen, ich schnappte nach Luft. Gerade eben dem E 803 entstiegen, traute ich den Augen kaum. Hastig werden ein paar Aufnahmen gemacht, und dann setzt sich auch schon die Fuhre in Bewegung. Diese Unberechenbarkeit der Dampf-Geschehnisse erzeugten immer wieder eine latente Spannung bei den Reisen durchs Reichsbahnland, schon morgen oder im nächsten Ort konnte die nächste Überraschung lauern. Sehr gut informierten Kreisen war dieses herrliche Gefühl wohl eher unbekannt.*

März 1980

◀ *Irgendwann an diesem wieder eingetrübten Tag steht dann eine weitere Erscheinung am Bahnsteig, mit großen Ohren: 01 2204, schon damals Museumslok in Dresden, jetzt und hier frisch hauptuntersucht im schnöden Alltagsdienst. Teuer gewordene Öllieferungen vom großen Bruder zwangen die DR zu unkonventionellen Maßnahmen, so dass in Saalfeld schließlich drei Altbau-01 und vier kohlegefeuerte Reko-01 wieder zum Einsatz kamen. Ironischerweise bleiben dann auch noch die polnischen Kohlelieferungen aus, und so erlosch das Feuer in diesen schönen Maschinen wieder, noch ehe ein Jahr vergangen war. Dennoch zählte diese Zeit die meisten Fotografen, die Saalfeld je bevölkert haben.*

Saalfeld, 01 2204 und 01 1512,
März 1980

Elegant waren die Maschinen, ein wenig modern, leistungsfähig, eine gelungene Rekonstruktion. Sie haben sich bewährt, einige von ihnen sind heute noch aktiv.
Oktober 1981

◀ *Noch dieser weite Bogen, und Camburg ist erreicht. Die bestens gepflegte 01 519 mit dem P 4004 umkurvt noch das Dörfchen Döbritschen, dann ist Endstation, Dampfer auf die Drehscheibe, Pause, bereitstellen zum Zug, und wieder zurück in die Heimat. Noch ein knappes halbes Jahr, dann ist die Herrlichkeit vorbei. Doch der Dampf ist manchmal zäh, zumal in der DDR. Saalfeld bekommt 41er, und erst 1986 ist endgültig Schluss mit Dampf in der einstigen Hochburg. 01 519 aber lebt weiter, bis heute.*
Oktober 1981

◀ *Camburg, Wendebahnhof für die Dampfer aus Saalfeld, Fässer für den schlimmsten Fall stehen bereit. Die Hochrädrige sonnt sich im Nachmittagslicht, bis die Elektrische den nächsten Zug bringt.*

Oktober 1981

◀ *Wachwechsel in Camburg, 01 522 macht sich bereit, einen Güterzug nach Göschwitz zu übernehmen, 01 519 wartet auf ihre Rückleistung P 4009 um 18.03 Uhr nach Saalfeld. Dass sie immer noch fahren, verdanken sie den technischen Mängeln ihrer Diesellok-Ablösung BR 119, rumänisches Produkt mit Kinderkrankheiten. Ein Beispiel für die Situation, in der sich die DR oft befand. Planungen, nicht nur langfristige, wurden durch unvorhersehbare Ereignisse durchkreuzt, so dass es immer wieder zu überraschenden Änderungen in den Dampflokeinsatzplänen kam. Die allgemeine Mittelknappheit erlaubte es nicht, einmal gefasste Beschlüsse konsequent umzusetzen. Beispielhaft dafür ist der Parteitagsbeschluss, den Dampfbetrieb am 31.12.1981 zu beenden. Tatsächlich war dies aber erst der 29. Oktober 1988 der Fall.*

Oktober 1981

◀ *Dieser Zug mit seiner schwer arbeitenden Zugmaschine wurde 25 km verfolgt von Wolfsgefärth bei Gera bis Traun, der Lokführer und sein Heizer feixten schon, und dann hatten wir sie wieder, wir mit unserem quietschegelben Spielmobil. Beim letzten Motiv, das Licht war schon arg knapp, flog mir eine Zigarettenschachtelpappe vor die Füße, mit einer Adresse drauf. Zwei Wochen später gingen die Fotos auf die Reise.*

Weida, April 1981

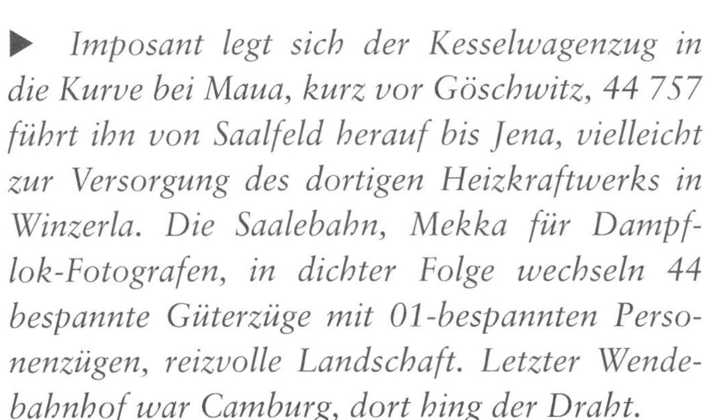

▶ *Imposant legt sich der Kesselwagenzug in die Kurve bei Maua, kurz vor Göschwitz, 44 757 führt ihn von Saalfeld herauf bis Jena, vielleicht zur Versorgung des dortigen Heizkraftwerks in Winzerla. Die Saalebahn, Mekka für Dampflok-Fotografen, in dichter Folge wechseln 44 bespannte Güterzüge mit 01-bespannten Personenzügen, reizvolle Landschaft. Letzter Wendebahnhof war Camburg, dort hing der Draht.*

April 1980

▲ *... oder auch das hier, ebenso bekannt wie speziell, in dem Türmchen hätte ich wohl gerne damals ein paar Tage verbracht und den Donnergroll zu meinen Füßen genossen. Andererseits, ist der Erker nicht schon ein bisschen schief? Der Kontrast zwischen der Freude der Enthusiasten und der alltäglichen Mühsal aller Anderen war groß. Wir konnten ja wieder zurück, in unsere Freiheit. Eine kleine Schar Reisender in Sachen Dampf genoss die DDR wie ein Freilichtmuseum.*

Steinach, 95 0016, Juli 1980

◀ *Blechhammer, ein Ort mit klarer Tradition, ein Fotomotiv, recht leicht zu erreichen und dennoch reizvoll, und dann kommt der Bulle da lang ... abdrücken und wieder rein in die Karre und hinterher, da geht noch was! Auf diesen mitunter nicht ganz straßenverkehrskorrekten Touren erwischten wir unsere Objekte mal häufiger und mal weniger, je nach Verkehrsdichte, und wenn denn mal ein LPG-Traktor oder qualmender W 50 uns die Sicht und die Fahrt nahm, fielen allgemein gebräuchliche Ausdrücke des Missfallens. Sorry für die Unannehmlichkeiten beim Überholen, ihr Werktätigen!*

Juli 1980

▲ *„Nachschuss", Nachschub, Schublok 52 8192, nicht Schlusslok, denn sie musste ja lastbedingt schieben, Dg 50 272, es führt 52 8003. Um die noch fast allgegenwärtige 52er kümmerten wir uns zu diesem Zeitpunkt nur am Rande, oder wenn besondere Leistungen gefahren wurden, wie dieser Güterzug, der gleich zwei dieser umgebauten ehemaligen Kriegslokomotiven benötigte. Waren es dann noch landschaftlich weniger reizvolle Gegenden, kamen die dortigen Bw's ganz schlecht weg. Keine Frage, da hat so mancher einiges verpasst.*

Gelenau, bei Kamenz, April 1981

◀ *Bahnhofsidylle in Großröhrsdorf, 52 8134 verschnauft beim Warten auf den Gegenzug. Bilder solcher eisenbahnbeschaulichen Szenerien spuken mir immer noch im Hirn herum, allein ich finde sie heute nicht mehr. Was wir unverbesserlichen Nostalgiker darin finden? Vielleicht Ruhe.*

April 1980

▲ *Ivenrode, mit dem abendlichen Nahgüterzug schmaucht 52 8076 dem Sonnenuntergang und der innerdeutschen Grenze entgegen. Wie weit dürfen wir wohl fahren Richtung Weferlingen? Also gar nicht erst so nah ranfahren, in Hörsingen brechen wir die Verfolgung ab, der bedauerlicherweise einzige Besuch dieser beschaulichen Nebenstrecke. Nachdem dieses Foto entstanden war, rückte uns ein Volkspolizist auf den Leib und fragte misstrauisch, was wir denn hier machten. Nun, das war ihm ja nicht verborgen geblieben, und so gaben wir Antwort frei weg von der Leber. Aber das sei doch verboten! Wir gaben Widerworte, man stelle sich das einmal vor. Informierten den Uniformierten auf seinem Moped über die Verfügung des Verkehrsministeriums aus dem Jahr 1973, nach der das Fotografieren von öffentlichen Plätzen aus erlaubt ist. Nun wusste er es auch, und trollte sich, doch nicht ohne noch einmal scharf darauf hinzuweisen, dass wir aber weder Gleise noch insbesondere das nahe Grenzgebiet zu betreten hätten, es würde denn ernsthafte Konsequenzen nach sich ziehen. Beides wollten wir gerne zusichern, lächel… In Hörsingen entlassen wir den Zug in goldiges Abendlicht und machen uns auf in Richtung Grenzübertritt Marienborn, folgen dabei ein Stück der alten B 1. Das letzte Sonnenlicht spiegelt sich auf dem glatten Kopfsteinpflaster, dringt durch die knorrigen Äste der kleinen Obstbaumallee. Kaum zu glauben, dass dies einst eine wichtige Fernverbindung war.*

April 1981

▲ *Haldensleben - Oebisfelde, Flachlandstrecke mit regem Dampfeinsatz, 41er, 50er und 52.80er teilten sich die Leistungen. Hier rattert Dg 53704 mit 41 1180 am Bahnübergang bei Lemsell an der Wasserversorgung des dortigen Schrankenpostens vorbei.*

April 1981

◄ *Blühende Landschaften, mit kleinen Schönheitsfehlern, wenngleich der Asphalt erstaunlich gut in Schuss ist, mancher im Westen sieht mittlerweile schlechter aus. Alleen säumten so manche Straße noch und lenkten den Blick zwischen unseren Einsatzorten auf andere als Schwarze Schönheiten. Oft mussten allerdings solche Kleinode ein Jahrzehnt später den Planierraupen weichen, größere und breitere Straßen waren nötig, meinten manche. Die DDR vermittelte uns oft das Gefühl der 50er, 60er Jahre, unserer Kindheit blasse Erinnerung.*

April 1981

◀ *Das nördliche Harzvorland bot noch reichlich Dampf auf vielen Strecken, u. a. diesen doppelt bespannten Kokszug Gag 56776 von Magdeburg nach Blankenburg. Mein Studien- und Hobbykollege Matthias Niedenbrück beeilte sich nach Kräften, diese Fotostelle noch zu erreichen, es war eine Punktlandung. Das schöne Bordeaux-Rot seines Peugeot hatte sich allerdings auf dem pfützengespickten Schotterweg in eine unschöne Lehmfarbe verwandelt. Nichts ist umsonst … Gab es damals eigentlich schon Autowaschanlagen in der Täterätää?*

Börnecke, 50 3708 und 50 3579, 3. März 1982

▲ *Magdeburg-Blumenberg-Halberstadt, auf dieser Relation dampfte es noch bis zuletzt, eine Halberstädter Maschine war die letzte aktive Dampflok der DR im regulären Plandienst. 50 3552 räuchert bei Langenweddingen die trostlose Gegend zu auf ihrem Weg nach Halberstadt. Wir heften uns an ihre Fersen, wollen das endlich gute Wetter nutzen.*

März 1982

◄ *Ausfahrt Groß-Quenstedt, nur der Wind kommt aus der falschen Richtung – mal steht die Sonne falsch, mal kommt der Wind falsch, mal ist keine Sonne da, mal kommt statt des Dampfers ein Diesel, oder er hat riesige Verspätung, so dass man schon einpackte und den Zug noch im Rückspiegel vorbeifahren sieht, oder er kommt erst gar nicht. Es müssen eben eine ganze Menge Faktoren zusammenpassen, damit aus einem Eisenbahnfoto ein gutes Eisenbahnfoto wird.*

50 3552, März 1982

▲ *Angekommen, Einfahrt Halberstadt. 1982 ist hier noch reger Betrieb in alle Richtungen, der Fotograf hatte gut zu tun. Wir hatten unser Soll erfüllt, den Zug von Magdeburg bis Halberstadt verfolgt, und dieser schöne Tag war noch lange nicht zu Ende …*

50 3552, März 1982

▲ *Eng hier im Tal der Zschopau. 50 3646 umkurvt in die Jahre gekommene Häuserecken und rollt bald in den Bahnhof Wolkenstein ein. Dort war es möglich, diesen Dampfzug neben einer schmalspurigen Meyer-Lok abzulichten. Wenn die sich nämlich auf den Weg nach Jöhstadt machte. Im Jahr 1982 erhielten mehrere Bw´s insbesondere in der RBD Dresden wieder Dampfloks, so dass attraktive Strecken wieder in den fotografischen Blick kamen. „Güter auf die Schiene" hieß es damals verstärkt in der DDR, im anderen Teil Deutschlands ein weitgehend ungehörter Ruf.*

September 1982

▶ *Der Berbersdorfer Schotterzug 64361 auf der Rückfahrt nach Hilbersdorf bei Schlegel (ganz in der Nähe gibt's auch ein Kaltofen, einer jener Ortsnamen, die durch ihre wortwörtliche Prägnanz eingeschrieben blieben, oder auch Graupzig, Raum, Kuhschnappel, Penna, Oberscheibe u.v.a.m.). Der Sonnenstrahl reicht so eben noch bis an die Oberkante der Schiene, und in Kaltofen bleibt der Ofen kalt …*

50 3689, August 1983

▲ *Auch dieser idyllische BÜ bei Auerbach ließ das sentimentale Herz höherschlagen, Eisenbahn, wie sie früher einmal war. Der Junge dort an der Schranke, so muss es bei mir auch angefangen haben, damals, im westfälischen Bünde, beim Hosenkauf im bahnhofsnahen Herrenbekleidungsgeschäft, wenn die Schranke sich wieder senkte und ich zur Tür rannte, mit der Hose in der Hand.*

50 3671 mit N 66333, August 1983

◀ *Fährbrücke, 50 3600 rauscht an den Chemie- und Papierfabriken vorbei gen Aue.*

März 1986

▲ *Ist leider nur ein Diesel-Foto geworden: Mit dem N 66333 rollt 50 3671 (Bw Reichenbach, Einsatzstelle Zwickau) am verwunschenen Haltepunkt Irfersgrün vorbei (die V 100 ignorierten wir damals mehr oder weniger still leidend). Die Anfahrt zu dieser Stelle gestaltete unser Fahrer, Volker Fröhmer aus Wuppertal, wieder einmal zügig und ohne unnötige Schnörkel. Er nutzte sein Auto als „Dampflokverfolgungsgerät", ohne Rücksicht auf materielle Verluste und mit der absolut notwendigen Rücksicht auf den übrigen Straßenverkehr. In der Dekade unserer DDR-Aktivitäten hatten wir nicht einen Unfall mit Fremdschaden, allenfalls Defekte am eigenen Gefährt. Die Wintertouren durch das verschneite Erzgebirge mit Sommerreifen bleiben in lebhafter Erinnerung.*

Aber zugegeben, manchmal hatten wir auch einen Schutzengel, etwa an einem Straßenbahnübergang außerhalb von Dresden, als es einmal mehr sehr zügig weitergehen sollte und der Übergang zwischen zwei Häusern der Aufmerksamkeit komplett entging. Auf der staubigen, versandeten Straße eben noch zum Stehen gekommen, nachdem sich urplötzlich eine heranfahrende Straßenbahn vor uns aufbaute, sahen wir unser letztes Stündlein geschlagen. Dürfte wohl kaum eine Zeitung zwischengepasst haben. Spaßige Bemerkungen wollten an diesem Tag nicht mehr so recht über die Lippen.

August 1983

▶ *Warten auf eine weitere Sensation im DDR-Dampflokzirkus: 86 1001 rollt in Walthersdorf ein zur Weiterfahrt nach Crottendorf. Seit Beginn des Sommerfahrplans setzte das Bw Aue diese Maschine ein (ebenfalls Museumslok, wie oben die 01 2204), später sah man auch 86 1501 und 86 1056 auf dieser kurzen Stichstrecke ins Erzgebirge. Die Einsatzstelle Annaberg-Buchholz hatte einen rührigen Betriebsleiter, der sich immer wieder für die Dampfer stark machte, mit Erfolg. Eine 86 im Plandienst, und das 1982, wahrlich ein Knaller! Die sozialistische Planwirtschaft zauberte so manche Blüte, und im Verein mit engagierten Eisenbahnern sogar kleine Wunder …*

September 1982

◀ *Unverändert der Einsatz nach Crottendorf, nur die Loks tauschen hin und wieder den Dienst, heute ist es 86 1501, die 2 Wochen später von 86 1056 abgelöst wird, welche bis dahin Heizlok in Rochlitz war. Museumsverkehr auf Regelfahrplanbasis über Jahre hinweg, ein einzigartiger Vorgang, ich kam jedenfalls aus dem Staunen nicht raus, freute mich jedes Mal, dass sie noch fuhr. Immerhin fast sechs Jahre wurde dieses fahrende Museum lebendig erhalten. Ein großer Dank an diejenigen, die das ermöglicht haben.*

Walthersdorf, 86 1501, April 1987

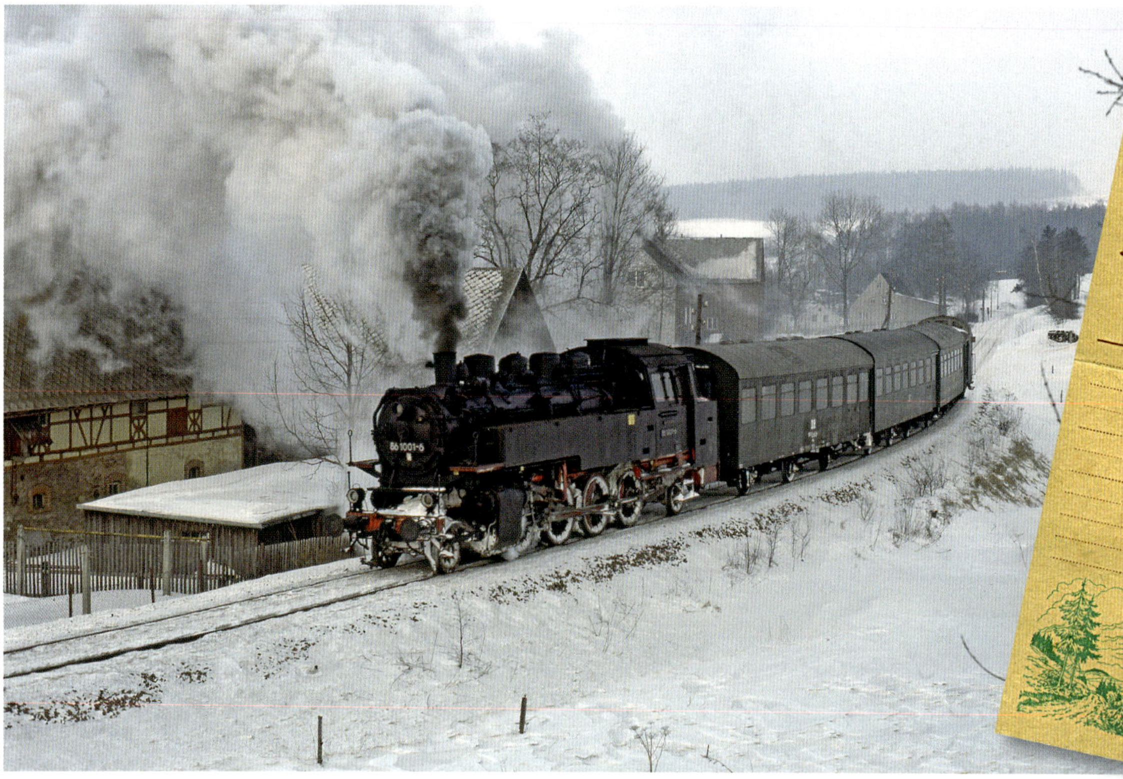

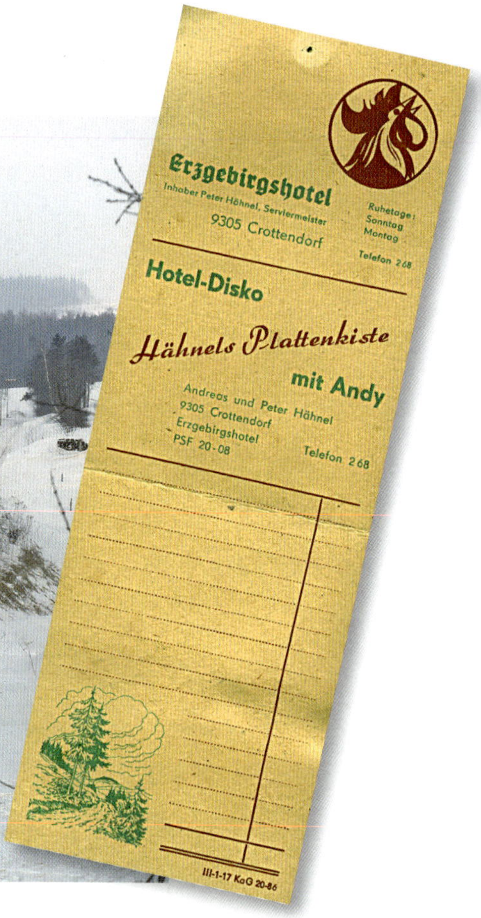

Erzgebirgshotel
Inhaber Peter Hähnel, Serviermeister
9305 Crottendorf
Ruhetage: Sonntag Montag
Telefon 268

Hotel-Disko
Hähnels Plattenkiste
mit Andy
Andreas und Peter Hähnel
9305 Crottendorf
Erzgebirgshotel
PSF 20-08
Telefon 268

III-1-17 KaG 20-86

▲ *Winter im Erzgebirge, wir schreiben das Jahr 1986, und noch immer dampft die 86 nach Crottendorf. Wir wärmen uns im Erzgebirgshotel mit einem Heißgetränk, der Wirt legt eine Scheibe auf, es wird lustig. Der Gasthof liegt direkt am Bahnhof, die 86 rangiert herum, wird wieder Zeit für uns. Kommt bloß bald wieder, mahnt Serviermeister Peter Hähnel, wir geloben, dann gibt er noch einen derben Witz obendrauf, und wir sind entlassen, verlassen für heute diesen kultigen Ort, spricht sich herum, bald ist der Wirt auch im Film. Sohn Andreas gibt den DJ bei der Hotel Disko, da geht dann die Post so richtig ab. Verdammt kalt draußen, vielleicht kommen wir gleich wieder …*

Walthersdorf Hp, 86 1001, März 1986

▲ *Rechnungsblock Erzgebirgshotel Crottendorf, Anlaufstation für Dampffotografen aller Länder, Verkaufsladen für erzgebirgisches Traditionsgut, gute Laune gab's gratis dazu.*

▶ *Bei Walthersdorf Hp versuche ich einen „Mitzieher", hat erstaunlicherweise geklappt. 86 1001 mit dem letzten Zug P 19647 nach Crottendorf, danach geht's für sie ins Körbchen nach Annaberg. Noch fährt die Lok Tender voran nach Süden, was ja lichttechnisch nicht so besonders praktisch ist, da die attraktivere Rückfahrt im Gegenlicht stattfindet. Doch Eisenbahnfreunde konnten erreichen, dass diese alte Tradition geändert wurde, man staunt.*

August 1983

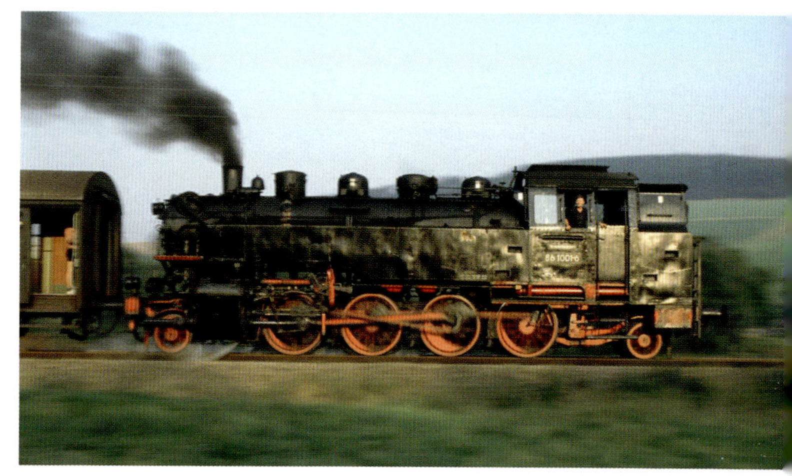

▶ *Stolberg im Harz, fantastisches Fachwerkstädtchen, aber auch rechts ab wird's hochinteressant, denn es geht hinein in das schmalspurige Paradies im Harz. Solange es aber noch auf der Regelspur dampfte, ging das vor, die Schmalspur lief einem ja wohl nicht weg … wir hatten Glück. Die Sangerhäuser 52 8148 hat den kurzen N 59406 gebracht, setzt um und bespannt den N 61403 zurück zur Heimatdienststelle.*

Rottleberode, März 1982

◀ *Hätte ich mal … Solche DDR-typischen Motive entgingen meiner Aufmerksamkeit leider zu oft. Nur da, wo man gerade vorbeilief, und der Blick aus irgendeinem Grunde hängen blieb, gab es in besonderen Fällen ein Foto. Hier war es die originelle Methode, Kunden über freie Friseurtermine zu informieren, Telefon hatte doch kaum jemand. Oder um welche Termine soll es sich da handeln?*
Im Übrigen sind auch die Arbeitszeiten interessant, die heutzutage sowieso und seinerzeit im anderen Teil Deutschlands auch längst überholt waren. Eigentlich passen sie aber auch wieder in unsere Zeit, wo bereits das Sonntagsarbeitsverbot wackelt.

Saalfeld, Mai 1988

▲ *Die Kühle des Morgens lässt den Abdampf von 44 389 in Blankenheim Trennungsbahnhof wattig hervortreten, gleich taucht der Zug in den Tunnel ein. Ein halbes Jahr später heißt es für die ölgefeuerten Maschinen Dampf aus, Umstieg auf Kohle war angesagt. Sangerhausen bekam 52.80 und 132.*

April 1981

▲ *44er fuhren 1980 in nennenswerten Stückzahlen noch in Eberswalde, Sangerhausen und Saalfeld. Sangerhausen trumpfte mit Nachschub auf, bis Blankenheim Trennungsbahnhof. 44 389 dampft an einem kühlen Aprilmorgen durch ebendiesen Trennungsbahnhof Richtung Sangerhausen auf den Tunnel zu, dann rollts bis in den Heimatbahnhof.*

April 1981

Im Grunde sind es doch die harmonischen Verbindungen mit den Menschen, die dem Leben seinen Wert geben.

(Wilhelm von Humboldt)

Annäherungen

Rainer, du bist der ältere Sohn, wohntest noch lange zu Hause. Es war für Alleinstehende schwer, eine Wohnung zu finden, die allgemeine Wohnsituation sowieso insgesamt angespannt, die Altbauwohnungen warteten seit dem Krieg auf Sanierung. Plattenbausiedlungen sollten die Wohnungsnot lindern, und jeder war heilfroh, eine 2- oder 3-Raum-Wohnung in solch einem von Westlern abfällig „Arbeiterregal" genannten Wohnblock zu ergattern. Auch ich hab die Dinger so genannt, bis ich eine junge, befreundete Familie in Dresden in ihrer zugigen, nach Schimmel riechenden, dunklen Altbauwohnung mit Eimer unter der tropfende Decke besuchte. Zwar haben die Plattenbauten dadurch nichts an Ästhetik gewonnen, die im Westen waren in der Regel auch nicht viel schöner, aber mir ging auf, welche Wohnqualität ein solcher Neubau hatte. Dabei spielten breite Fugen zwischen den riesigen Betonplatten etwa im Treppenhaus oder andere handwerkliche Unsauberkeiten keine Rolle mehr. Auch der Zugang zur Haustür, ein paar grobe Holzbretter durch den knietiefen Schlamm vor dem gerade neu errichteten Block, waren wahrlich kein Grund, hier nicht einzuziehen.

Rainer, dein Arbeitgeber war das städtische Wohnungsbaukombinat (WBK Glauchau). Der Beruf des Maurers hieß nicht nur harte Arbeit, auch deiner Gesundheit setzte er arg zu. Der ständige Staub und die Wetterbedingungen trafen zwar auf eine kräftige, aber nicht unangreifbare Statur. Als mit der Wende das Kombinat aufgelöst und zur GmbH wurde, hieß das zunächst für dich weite Strecken fahren, mitunter eine ganze Woche nicht zu Hause, etwa in Augsburg oder Nürnberg untergebracht sein. Die Firma machte pleite, und du standest erstmal auf der Straße, bekamst noch zwei Monatslöhne, aber erst ein Jahr später. Bis zum Jahr 2000 hattest du 10 verschiedene Arbeitsstellen und 4 Insolvenzen hinter dir, eine nervenaufreibende Zeit, die ihre Spuren hinterlassen hat.

Dein Herzblut steckte in der Glauchauer Freiwilligen Feuerwehr, so manche Stunde nach Feierabend hast du dieser Leidenschaft geopfert. Als du merktest, dass uns Wessis nicht nur alte Dampfloks, sondern auch alte Fahrzeuge aller Art, ja das Alte überhaupt, interessierte, erwähntest du den Magirus Deutz Leiterwagen, Baujahr 1956, der in einer Remise in Glauchau stünde. Bis 1982 noch

◀ *Rainer, mein treuer Begleiter auf vielen Touren. Ich bin ein Schotterhuhn, ich hab nicht viel zu tun. Ich mache jeden Tag ein Bild, und das macht mich ganz wild … oder so*
Nun ja, wir haben jedenfalls viel gelacht und so einiges erlebt. Man nannte dich auch mal eine Zeit lang das „Schnarchende Motorrad", wohl weil du eines Nachts den Haustürschlüssel nicht mehr fandest und dich dann eben unter die Motorradplane legtest, wo in der Früh man dich dann schnarchend fand.

Bei Wolfsgefärth, April 1981

einsatzbereit, dann fahrfähig hinterstellt. Ruck Zuck wurde ein Fototermin organisiert, und es entstanden einige sehr schöne nostalgische Bilder im morbiden Charme der in die Jahre gekommenen DDR-Bausubstanz. Der Feuerwehr bist du bis heute freundschaftlich verbunden, wenngleich sich die Zeiten ändern und nichts bleibt wie es ist. Die Jugendarbeit war dein letztes großes Betätigungsfeld, der Feuerwehrnachwuchs ist dir für deinen selbstlosen Einsatz bis heute dankbar. An deinen freien Tagen haben wir so manche Tour unternommen, nach Saalfeld, Kamenz und zu den sächsischen Schmalspurbahnen. Wir „Schotterhühner" hatten zwischen den Zügen oft viel Zeit, traten den Schotter breit, vertrieben uns die Zeit mit Heiterkeit, so dichteten wir während der Wartezeiten am Bahndamm in Gera-Wolfsgefärth oder wo auch immer. Kurzweilige Touren waren das, wir haben sie beide genossen. Nur diese Raserei, die mochtest du nicht so sehr, aber manchmal ging's eben nicht anders ... Entspannte Zeiten an der dampfenden Schiene, und abends gab's dann schon mal ein leckeres Pilzragout, dessen Zutaten aus dem Birkenwald von Dresden-Klotzsche stammte, sozusagen vor den Mauern der Russenkaserne, während wir auf den P 4856 von Dresden nach Straßgräbchen-Bernsdorf warteten.

1993 bist du mit deiner jungen Familie ins Grüne gezogen, bis ihr dann eine Feuerwehrwohnung in der Schlachthofstraße bekommen habt. Heute bist du schon mehrfacher Großvater, und dein großer Sohn, der Florian, der wird auch Lokführer, wen wundert das bei dieser Familie.
Ein Pfundskerl bist du, warst hilfsbereit jedem, der dich bat. Heute lassen das deine Kräfte nicht mehr zu.
Mein Rainer, dein freundliches, herzhaftes Wesen hast du dir bis heute erhalten. Pass auf dich auf, denn ich möchte dich gesund wiedersehen, solange es geht. Die alten Zeiten sind vorbei, die neuen nicht immer gut, aber dieses Leben ist ein Geschenk, das wir achten sollen. Und vergiss nicht das „schnarchende Motorrad"...
Frank, du bist der jüngste von euch dreien, ein meist gutgelaunter Zeitgenosse, und nimmst die Dinge, wie sie kommen, um dann hier und da noch an einem Schräubchen zu drehen. Selbstverständlich hast du dich für die Eisenbahn entschieden, von '77 bis '79 den Lokschlosser gemacht, ein halbes Jahr Rangierleiter in Hilbersdorf, und dann ab zur Fahne, wie das bei euch hieß. Bei meiner Ankunft im Sommer 1980 waren es nur noch wenige Monate, die du deine Freiheit genießen konntest. Zur Armee ging's, genauer NVA, und das hieß nicht wie im Westen am

◀ *Aus Gera heraus Richtung Süden geht es kräftig bergauf, da gibt es richtig was auf die Ohren. Solche Fotopunkte lieben wir besonders, Streckenüberblick, geruhsames Warten ohne Hektik, in der Natur, jedoch nervöser werdend, wenn allzu lange sich nichts blicken lässt, dann aber doch die Erlösung, der Rauchpilz am Horizont oder die ersten unverwechselbaren Geräusche, oder waren es doch wieder LKW-Bremsen? Nein, sie muss es sein, hör doch, oder doch nicht? Und sie ist es doch...*

Wolfsgefärth, 44 393, April 1980

▶ *Die Band „Melana", mit Rainer als Tontechniker. Später hast du dich als Disc Jockey verdingt, die Akustik war dein Ding. West-Musik stand auch mit auf dem Programm, war zum Glück nicht wirklich verboten. Was ist aus den Dreien geworden? Rocken sie noch? Übrigens, der Nussknacker war nicht das Maskottchen der Band, sondern ein Dankeschön für die Fotos, steht selbstverständlich noch heute in meinem Bücherregal, bei den Eisenbahnbüchern.*

Glauchau, Juli 1981

▶ *Wer hat uns denn da abgelichtet? Es kam jemand des Weges, bekommt die Kamera in die Hand gedrückt, bitte nicht wackeln, klick, vielen Dank! Ein paar Fragen zu unserem gelben Sitzplatz muss ich dann aber noch beantworten, der hat ja dieselbe Schaltung wie der Trabi!*

Döbritschen, Oktober 1981

▶ *Penna, neben dem Misthaufen, dahinter die Schiene von Colditz. Aus dem quietschegelben ist mittlerweile ein feuerrotes Spielmobil geworden, zuverlässiges Dieselaggregat. Frank sieht da ein wenig mickrig aus, nun, das hat sich geändert, heute habe ich ein kräftiges Stück Mann im Arm. Gleich kommt der Sand.*

April 1987

Wochenende nach Hause, nein, ganz und gar nicht, in den eineinhalb Jahren Grundwehrdienst hatte man Anspruch auf 18 Tage Urlaub, und das war es in der Regel. Lediglich zu Notfällen und ganz besonderen Anlässen wurde man tageweise nach Hause entlassen. Mit Antritt des Soldatendienstes hieß das also erstmal wochen- bis monatelang Getrenntsein von der Familie, ob man nun eine schwangere Frau zu Hause hatte oder eine kranke Mutter. Als dieses Kapitel erledigt war, ging es als Schlosser in Glauchau weiter, bis du 1984 den 14-tägigen Lehrgang zum Lokheizer machtest. Im selben Jahr bist du aus der elterlichen Wohnung ausgezogen, denn auf der Sachsenallee am Stadtrand Richtung Zwickau war etwas frei geworden, oder besser gesagt, du hast die Wohnung besetzt. Ein entlassener Häftling sollte sie eigentlich beziehen, aber als klar war, dass es nicht dazu kommen würde, hast du sie dir einfach geschnappt. Das war natürlich nicht ganz legal, und so flatterte irgendwann eine Zahlungsaufforderung ins Haus, 500,- Mark sollten fällig werden, aber dann könntest du wohnen bleiben. Das waren die zwei Zimmer wert. Dreistigkeit zahlte sich also auch in der strengen DDR aus. So hatte der Westbesuch eine zweite Bleibe, wenn die Eltern unterwegs waren, etwa beim Erholungsurlaub im FDGB-Heim in Wernigerode-Hasserode. Eines Tages lerntest du über einen deiner Kollegen einen Westfotografen kennen, der dann öfter auch bei dir nächtigte. Deine damalige Freundin fand dann bedauerlicherweise so viel Gefallen an dem, dass sie dich einfach sitzen ließ und mit der neu gewonnenen Liebe durchbrannte. Durch die Heirat konnte sie in den Westen übersiedeln. Ob sie das heute noch mal so machen würde? Das war natürlich eine herbe Enttäuschung, sich die Freundin ausspannen lassen von einem aus dem Westen, dem du Obdach geboten hast. Aber du bist ja kein Kind von Traurigkeit, und wenn ich mich recht entsinne, sind die Tränen schnell getrocknet. Außerdem war da ja auch noch die hübsche Stellwerkerin und Aufsicht aus Oelsnitz, mit der du schon so manches nette Plauderstündchen während

▲ *52 8123 mit P 4856, Dresden - Straßgräbchen-Bernsdorf, in der bekannten Steigung bei Klotzsche. Derweil sucht Rainer Birkenpilze im Schatten der russischen Kasernen. Erstere kamen abends in die Pfanne, vom großen Bruder haben wir nichts gesehen.*

Oktober 1981

eurer Aufenthalte hattest, nicht wahr? Die war wohl die richtige, und eure Tochter ist heute erwachsen. Eure Wohnung in Hohndorf hattet ihr euch schön hergerichtet, und da war es von großem Vorteil, dass deine Katrin in handwerklichen Dingen sehr geschickt war, wie im übrigen auch in finanziellen und anderen organisatorischen Dingen. Sie war und ist dir eine große Hilfe, und sie trinkt auch gern mal ein kleines Schnäpschen in der Runde, und möglicherweise fährt sie sogar besser Auto als du, aber dafür fährst du sicher besser Lok. Ihr seid jetzt viel auf Reisen, meistens Richtung Sonne, habt einen herrlichen Ausblick aus eurem 5. Stock in Lichtenstein auf die Erzgebirgshöhen, freut euch des Lebens - und dann komm ich und krame die alten Kamellen wieder raus ...

Bis zum Dampfende hast du dann den Rössern eingeheizt, es war dir eine Freude. Den Lokführer wollte man dir aber nicht anbieten, denn es fehlte das Parteibuch, sagte man, und außerdem habe man im Moment auch keinen dringenden Bedarf. Erst im April 1988 hast du die Zulassung erhalten und konntest ein halbes Jahr später, übrigens am 9. November, endlich deine Prüfung machen. Es soll aber auch nicht verschwiegen werden, dass andere Stimmen behaupten, du habest deine Lokführerausbildung deshalb nicht angetreten, weil der Dienst in der Werkstatt deutlich geregelter und weniger anstrengend war als der Fahrdienst. Vielleicht liegt die Wahrheit, wie so oft, wieder einmal in der Mitte. Und außerdem, Dampflokfahren hat ja dann doch Spaß gemacht, oder?! Jedenfalls spricht eine deiner Notizen vom 27. März 1988 Bände, wenn dort zu lesen ist: „Wunderbare Klänge aus Glauchau bis Egidien, könnte das letzte Mal gewesen sein, noch mal alles gegeben, trotz schlechter Kohle ...“

Wenn du mit Vater unterwegs warst, waren wir euch oft auf den Fersen. Für mich war das eine faszinierende Situation, euch beiden Dampflokmännern über die Schulter schauen zu können, euch gemeinsam auf der Lok zu erleben und über die dampfende Lokwelt zu fachsimpeln. Wenn wir heute über die Eisenbahn sprechen, tun wir es fast nur noch notgedrungen, denn dein Job ist sie bis heute geblieben. Aber was ist aus ihr geworden? Du stehst mit deinem Bauchladen neben der Gravita und rangierst dir tagaus-tagein die Züge selber zusammen, machst die Bremsprobe, hängst an, hängst ab, ständig über den Schotter laufen, bis die Knie wehtun, alles ein Ein-Mann-Betrieb, Lokführer, Rangierer, Wagenmeister. Nebenan rauscht der IC vorbei, und ganz selten ertönt ein vertrautes Geräusch, wenn ein dampfbespannter Sonderzug durch Glauchau fährt oder ihr eure 23 1097 wieder mal für die nächste Tour anbrennt. Die Eisenbahn macht keinen Spaß mehr. Das war damals anders. Auf Dampf wart ihr immer zu zweit, kanntet eure Kollegen und deren Familien, die Dienstpläne ließen ausreichend Pausen, Rangierer und Wagenmeister standen euch zur Seite, irgendwo war immer Zeit für einen Kaffee. Sicher war der Job auf der Dampflok kein Zuckerschlecken, der Lokführerberuf überhaupt, aber heute ist die Eisenbahn tot, entseelt, nüchtern, kalt, zum Geld verdienen gerade gut genug, wenn auch knapp genug. Nach der Wende hattet ihr die Wahl, die Heimat zu verlassen und bei einer anderen, weit entfernten Dienststelle anzutreten, oder aber da zu bleiben und eine Menge Kröten zu schlucken. Du hast dich in Glauchau durchgebissen, wolltest die Heimat nicht verlassen. Dein Neffe hat nicht lange gezögert, der geht sofort 1993 nach München, macht dort seinen Energieanlagenelektroniker, S-Bahn Lehrgang, Wehrdienst, Lokführer und hat sich mit den Bayern arrangiert, kommt manchmal mit dem geliehenen silberglänzenden Benz bescheiden ins Sachsenland gefahren. Aber wenn ich dann mal im Land bin, ist die Vergangenheit schnell in unseren Gesprächen wieder lebendig ... und dann ist die Welt einen Moment wieder in Ordnung. Keine Zukunft ohne Vergangenheit.

◀ *Die Nächsten bitte, schön aufreihen, und lächeln … Hier sehen wir neben den bereits fest im Berufsleben stehenden Rainer und Katrin den Nachwuchs, Enkel Sven, der Brigitte ihrer. Ist heute ein stattlicher Kerl, Lokführer natürlich, aber in München, hierzulande zahlte man zu wenig. Wenn es selten mal nach Hause geht, etwa zu Feierlichkeiten, leiht man sich eine noble Karrosse mit Stern oder vier Ringen, ansonsten wird das Geld für ein eigenes Auto gespart, man kommt ja schließlich mit der Bahn überall hin, vernünftige Einstellung, meine ich. Weiter so, lieber Sven. Und beim nächsten Treffen drehen wir mal 'ne Runde mit so 'ner Karre, ja?*

Oelsnitz, Juni 1990

▶ *Männergespräch, Volker und Frank auf der Aufsichtsbank am Bahnhof St. Egidien, Gleis 3. Im Moment gibt's nichts zu tun, also machen wir mal ein Faxenfoto, während Vater auf der 50 3519 gerade Lz nach St. Egidien runterkullert. Der dann zu befördernde P 19677 macht der launig-derben Plauderei natürlich ein Ende, schließlich sind wir ja nicht zum Spaß hier. Katrin wollte nicht mit aufs Foto, schade.*

8. Mai 1988

◀ *Dies ist keine Montage: Rainer springt mit Anlauf in ein knapp metertiefes Badebecken, das ihn längenmäßig gerade so aufnehmen kann. Krass. Grinsend entsteigt er dem nur noch halbvollen Becken, hättste nicht gedacht, was?! Und ich hatte schon ein schlechtes Gewissen, als ich seine Behauptung lachend abtat und er sofort die Klamotten wegschmiss.*

Wernsdorf bei Glauchau, 20. Juli 1996

▲ *Liegt nicht ein gewisser Stolz in diesem Blick? Ein gutes Jahr heizt du nun schon auf dem Dampfer, und es macht dir Freude, so können sich die Dinge ändern. Oft haben wir deinen und meinen „Dienstplan" aufeinander abgestimmt, konzertierte Aktion, schöne Erinnerungen, Dokumente, hautnah erlebte Eisenbahn, Dampfeisenbahn …*

Lichtenstein, März 1986,
Frank Schwarzenberg, Heizer

◀ *Gesehen in Lichtenstein auf dem Weg zum Frank.*
September 2015

▲ *Ein Jahr später hat er wieder Dienst, hier posiert er mit seinem Meister in Penig.*

April 1987

REISEN VEREDELT DEN GEIST UND RÄUMT MIT UNSEREN VORURTEILEN AUF.

(Oscar Wilde)

Der Sand

22.00 Uhr schrillt der Wecker, gerade war ich eingeschlafen, nach langem Herumwälzen, kurzen und unruhigen Traumphasen, Grübeleien. Immer wieder das gleiche Spiel, man nimmt sich vor, früh ins Bett zu gehen, tut das dann auch, damit wenigstens ein paar Stündchen der Nacht mit Schlaf gefüllt sind. Aber daraus wird nichts, wird nie was, das Adrenalin tut bereits seine Wirkung, Anspannung und nicht Entspannung ist angesagt. Endlich ist das quälerische Warten vorbei, die Bettdecke fliegt weg, beinah hellwach springe ich aus den Federn. Während die Kaffeemaschine vor sich hin gurgelt, suche ich noch die letzten Dinge zusammen, das meiste ist schon gepackt, Proviant ausreichend vorhanden, Fotoapparat und Filme bereit, Papiere zurechtgelegt, zwei Pakete Fliesen, eine Schallplatte, ein Kassettenrecorder, gebrauchte Rollgurte vom Schrottplatz und diverse, im Osten knappe oder teure Konsumgüter. Das müsste es sein, alles rein in den Golf Diesel, hoffentlich habe ich auch nichts vergessen, noch mal die Vollständigkeit der Papiere kontrollieren, alles da, Tank voll, noch ein kurzer Blick auf die Straßenkarte, will heut mal eine andere Strecke probieren, schwerfällig zündet das Aggregat. Angenehm leere Autobahnen führen mich gen Osten, im Radio gibt es Ohrwürmer und Aktuelles, Hans Dieter Hüsch und Heinz Erhardt. An der letzten nachtoffenen Tankstelle vor der Grenze noch einmal nachfüllen, Routineabläufe, vertraute Zeit, und dann die Grenze. Es geht mittlerweile über die neue Werratalbrücke, hoffentlich haben die Grenzer nichts zu meckern wegen meiner Mitbringsel, der Pass wandert über das Förderband eine Station weiter, Gesichtskontrolle, Zoll. Es ist leer, so mitten in der Nacht, ein paar Zeitschriften, ein Quelle-Katalog muss dableiben, darf ich auf der Rückfahrt wieder mitnehmen, viel Spaß damit, gebt sie bitte in euren Familien weiter, aber dann darf ich fahren. Schlangenlinien aus dem Grenzkontrollbereich hinaus, dann noch ein kurzer Halt an der Wechselstube, Zwangsumtausch, 25,- D-Mark pro Tag, moderne Straßenräuberei. Wir Dampflokfans nahmen es als Vergnügungssteuer, zähneknirschend. Was nun kam, die Ost-Autobahn, war ein Erlebnis ganz eigener Art, dunkel alles, fast unheimlich, nur ganz vereinzelt kommt ein Fahrzeug entgegen, dass man mitunter unsicher wurde, ob man nicht irgendwo ein Schild verpasst hätte mit der Aufforderung, die Autobahn zu verlassen wegen irgendetwas, und man nun alleine auf einem gesperrten Abschnitt unterwegs war. Das nächste entgegenkommende Licht brachte Erleichterung für eine unbegründete Befürchtung. Immer aber hohe Aufmerksamkeit den Schildern zollen, kaum zu erkennen in dieser Finsternis, oft verdreckt, und doch entscheidend, die Vopo konnte überall lauern. Routinekontrollen gab es immer mal wieder, erst 80, dann 60, 40, einwinken und rechts ran, die Papiere bitte, wohin reisen sie und so weiter. Heute bleibt aber alles ruhig, nur der Wildwechsel, der macht mir immer wieder Sorge. Reh- und auch Schwarzwild kreuzte schon mal die Piste, damit war immer zu rechnen. Noch gut kann ich mich an eine komplette Wildschweinfamilie erinnern, die zum Glück tagsüber nur 50 Meter vor uns urplötzlich auf der Fahrbahn erschien und gemächlich zur anderen Seite wechselte. Dieser Schreck saß uns noch lange in den Gliedern.

Eisenach, Walthershausen, Erfurt, Weimar, Jena, Hermsdorf, Gera, Ronneburg, Meerane, vertraute Etappen bis zum Ziel, Glauchau. Die Eisenbahnerstadt, Schienenkreuz und Lokeinsatzstelle, in Ober- und Unterstadt gegliedert, Textilindustrie. Das Spinnstoffwerk am flutseitigen Stadteingang, Viskoseproduktion, im Verein mit dem Fluatwerk, Holzschutzmittelherstellung, verbreiteten besonders nachts einen äußerst unangenehmen, fäulnisartigen Geruch. Was da alles in die

▲ *Einsatzstelle Rochlitz, die Glauchauer haben Mittagspause, bevor sie sich mit dem 56 355 wieder gen Süden aufmachen. Zur gleichen Zeit weilen die Rochlitzer in Glauchau, auf der Rückfahrt werden sie Kreuzung mit dem Sand in Waldenburg haben.*

Oktober 1987

Mulde floss, wollen wir gar nicht wissen. Auf den letzten Kilometern konnte man es bereits riechen, Glauchau ist nahe. Ich fahre ab und schlängele mich die dunkle Stadt hinauf, einige sind schon auf den Beinen, Schichtende, Schichtbeginn. Und Klaus und Hilde? Er könnte schon unterwegs sein, oder noch, aber Hilde ist da, erwartet mich irgendwann am frühen Morgen. Da bewegt sich schon die Gardine, sie hat mich kommen hören, wieder einmal bin ich hier, in meiner zweiten Heimat. Braunkohlegeruch liegt über der erwachenden Stadt, ein Radfahrer klappert mit seinem historischen Drahtesel über das grobe und wellige Kopfsteinplaster, in der Küche geht das Licht an, ich klopfe sachte an die Fensterscheibe, höre, wie schon die Tür geht, wir nehmen uns in den Arm, guten Morgen, Glück auf! Alles war gut, Hilde, ja, und jetzt bin ich froh, dass ich wieder hier bin, und du Ärmste, hast wieder gewartet auf mich Nachteule, ach das mocht doch nischt, muss doch um fünfe oft aufstehen. Der Klaus hat Nachtschicht auf der Mulde. Und der Frank, glaube ich, müsste heute auch die Mulde fahren. Na, du wirst es ja sehen.

Aha, Klaus hatte also den Nachtsand, dann müsste er bald in Glauchau sein. Und Frank löst ihn ab. Ich könnte beide im Bw antreffen und Guten Morgen sagen. Eine schöne Idee.

Der Kuckuck schreit fünf mal, die Müdigkeit treibt mir beim Gähnen die Tränen in die Augen.

▲ *50 3551 hat die ersten Kilometer mit dem Gag 56353 mit Sand aus der Grube Sermuth bewältigt und strebt auf Rochlitz zu.*

Bei Lastau, 20. Oktober 1987 (Foto:Volker Fröhmer)

Ob ich noch einen Kaffee möchte, aber ja, da sag ich nie nein. Bald ist die Küche von diesem Lebensgeister weckenden Duft erfüllt, und ein Butterbrot wandert auch noch in meine Provianttasche. Der Kreislauf kommt wieder in Schwung. Die Fliesen für Frank's neue Wohnung lade ich in einer Ecke ab, können wir später rüberschaffen. Hilde schaut kritisch. Hat er bestellt, alles in Ordnung, Hilde. Hoffe nur, dass das Lokschild anstandslos über die Grenze geht. Ihre Miene hellt sich nicht auf. Dann wird's wieder Zeit, will die beiden ja noch im Bw antreffen und dann weiter ins Muldental, die „Platten" warten nicht. Ich kippe den letzten Schluck Lokführerkaffee hinunter, und dann sage ich auch schon wieder Tschüss, Hilde, gegen Abend sollte ich wieder da sein, denke ich, bis dann. Den notwendigen Eintrag ins Hausbuch könnten wir ja dann erledigen, ist gut. Jetzt aber den Gang rein und ab Richtung Bw, es könnte noch klappen. Und tatsächlich, ich treffe den Klaus noch an, sie sind gerade mit der Maschine fertig und im Begriff, den Heimweg anzutreten. Guten Morgen, Herr Schwarzenberg, hatten Sie eine gute Fahrt? Och, der Ingo, Glück auf, mein Guter, bist du schon da. Zwei Hände ergreifen einander, jetzt sind beide schwarz. Und, ham se dich mol wieda neigelassen? Wir lachen, ja ja, war kein Problem. Jo, ich hab Schluss für heut. Der Frank ist schon auf der Maschine, wird Oogen mochen, wenn er dich sieht. Gehe jetzt

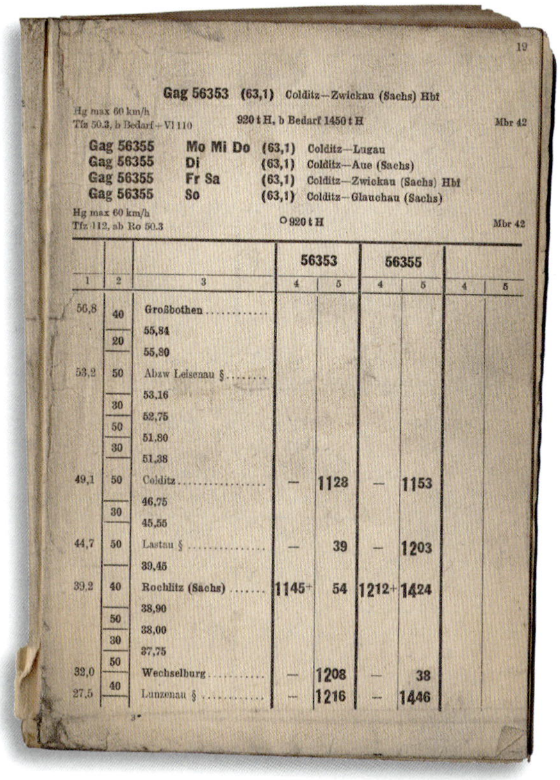

19

Gag 56353 (63,1) Colditz—Zwickau (Sachs) Hbf

Hg max 60 km/h
Tfz 50.3, b Bedarf + Vl 110 — 920 t H, b Bedarf 1450 t H — Mbr 42

Gag 56355 Mo Mi Do (63,1) Colditz—Lugau
Gag 56355 Di (63,1) Colditz—Aue (Sachs)
Gag 56355 Fr Sa (63,1) Colditz—Zwickau (Sachs) Hbf
Gag 56355 So (63,1) Colditz—Glauchau (Sachs)

Hg max 60 km/h
Tfz 112, ab Ro 50.3 — ○ 920 t H — Mbr 42

			56353		56355			
1	2	3	4	5	4	5	4	5
56,8	40	Großbothen						
		55,84						
	20	55,80						
53,2	50	Abzw Leisenau §						
		53,16						
	30	52,75						
	50	51,80						
	30	51,38						
49,1	50	Colditz	–	1128	–	1153		
		46,75						
	30	45,55						
44,7	50	Lastau §	–	39	–	1203		
		39,45						
39,2	40	Rochlitz (Sachs)	1145+	54	1212+	1424		
		38,90						
	50	38,00						
	30	37,75						
32,0	50	Wechselburg	–	1208	–	38		
27,5	40	Lunzenau §	–	1216	–	1446		

▲ *Die speckige Seite des Buchfahrplans Heft 327-23, Jahresplan 1987/88, letzter Plan mit Dampf nicht nur im Muldental. Wenngleich der Lokführer den Fahrtverlauf kannte, hatte doch der Plan ordnungsgemäß im Fahrplanhalter an der rechten Kesselseite zu klemmen.*

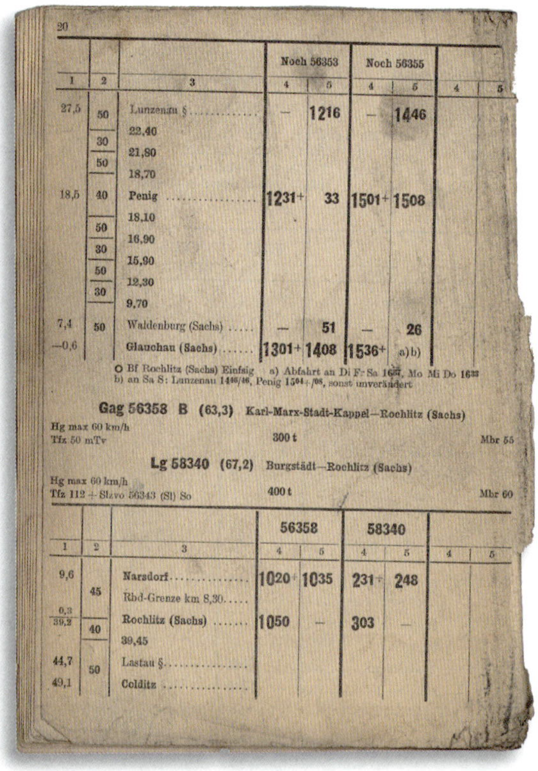

20

			Noch 56353		Noch 56355			
1	2	3	4	5	4	5	4	5
27,5	50	Lunzenau §	–	1216	–	1446		
		22,40						
	30	21,80						
	50	18,70						
18,5	40	Penig	1231+	33	1501+	1508		
		18,10						
	50	16,90						
	30	15,90						
	50	12,30						
	30	9,70						
7,4	50	Waldenburg (Sachs)	–	51	–	26		
–0,6		Glauchau (Sachs)	1301+	1408	1536+	a)b)		

○ Bf Rochlitz (Sachs) Einfsig a) Abfahrt an Di Fr Sa 16[illegible], Mo Mi Do 1633
b) an Sa S: Lunzenau 1446/46, Penig 1504+/08, sonst unverändert

Gag 56358 B (63,3) Karl-Marx-Stadt-Kappel—Rochlitz (Sachs)

Hg max 60 km/h
Tfz 50 mTv — 300 t — Mbr 55

Lg 58340 (67,2) Burgstädt—Rochlitz (Sachs)

Hg max 60 km/h
Tfz 112 + Slzvo 56343 (Sl) So — 400 t — Mbr 60

			56358		58340			
1	2	3	4	5	4	5	4	5
9,6	45	Narsdorf	1020+	1035	231+	248		
		Rbd-Grenze km 8,30						
0,3 / 39,2	40	Rochlitz (Sachs)	1050	–	303	–		
		39,45						
44,7	50	Lastau §						
49,1		Colditz						

▲ *Einmal Seite umschlagen, und die zweite Hälfte des Zuges wird sichtbar, und wieder schön in den Halter einklemmen. Das hinterlässt natürlich Betriebsspuren.*

unter die Dusche, mir sehen uns heut abend. Ja, bis dann, Klaus. Dann begrüße ich den Sohnemann, der schon eifrig im Feuer rumrührt. Morgen, Herr Schwarzenberg, ich wiederhole mich, und schon erscheint die vertraute Nase am Fenster. Glück auf, der Ingo, bist du schon wieder da? Mein letzter Besuch war mal eben ein paar Wochen her. Er steigt herab, und ein weiterer schwarzer Handschlag ruiniert meine Rechte endgültig. Was gibt's Neues? Bist du immer noch nicht fertig mit Lernen, fragt er lachend, der, der 2 Jahre jünger und schon seit 9 Jahren im Beruf ist, und ich, ich bin noch nicht mal mit der Ausbildung fertig. Dann gibt er noch einen Witz zum Besten, ich krümme mich vor Lachen, obwohl ich den schon gehört hatte, aber ich vergesse die einfach so schnell wieder. Also, Frank, pass schön auf, wo ich stehe, und dann hau noch ne Schippe nei, sage ich im Weggehen. No Glor, wird gemocht!

Bevor ich aber die Stadt Richtung Muldental verlasse, fällt mir noch rechtzeitig ein, die Anmeldung bei der VoPo zu erledigen, lästiges, mitunter zeitraubendes Procedere am ersten Tag. Geschah dies erst am zweiten, gab es bereits unangenehme Rückfragen. Müsste eigentlich noch klappen, und tatsächlich, heute geht's recht zügig, Stempel für die Ausreise gleich mit drin, prima, das spart wieder Zeit. Bei längeren Aufenthalten musste für den Ausreisestempel erneut vorgesprochen werden.

Den Leerzug, genannt die leeren „Platten“ (vierachsige Niederbordwagen), oder auch Lg 58354, begleite ich entspannt über Narsdorf bis Rochlitz, denn das Licht steht für diesen Zug, der am frühen Mittag Richtung Norden fährt, nicht gut. In Rochlitz ist Zeit, den Frank auf der Drehscheibe abzulichten, dann schlurfen sie noch für einen Kaffee in die Kantine. Der Gag 56355 steht schon bereit, Sand aus der Grube von Sermuth bei Colditz. Der „Sand“, Kurzform für die Sandzüge, die beladen zwei- bis dreimal mal täglich ab 1982 von den 50ern des Bw Glauchau und der Einsatzstelle Rochlitz von Colditz bzw. Rochlitz nach Glauchau gebracht wurden, von dort in verschiedene Richtungen weiter, z.B. nach Lugau in den Pluto-Schacht zur Betonplattenherstellung oder zu gleichem Zwecke nach Zwickau. Mit ihren gut 900 Tonnen Zuggewicht waren sie durchaus eine Herausforderung für Lok und Personal, für uns Fans ein Augen- und Ohrenschmaus erster Klasse, denn die Strecke hat durchaus nennenswerte Steigungen aufzuweisen, einen Tunnel, Brücken, und herrliche Landschaft. Heute ist diese einmalige Strecke stillgelegt. Mit dem Auto ließ sich der Zug recht gut verfolgen, und es gab wohl so etwas wie einen Wettstreit unter den Fans darüber, wer denn die meisten Fotostellen während einer Fahrt erwischen würde. Klasse statt Masse, das musste ich auch erst einmal lernen.

Die Abfahrt steht kurz bevor, das Wetter spielt mit, ich postiere mich auf der Schaukelbrücke in Rochlitz, über der Zwickauer Mulde, Schloss im Hintergrund, ein sehr bekanntes Motiv seinerzeit, immer wieder aus anderen Blickwinkeln umgesetzt. Während der Jahrhundertflut 2002 hätte ich hier fast im Wasser gestanden, man mag es nur schwer glauben, ein paar Meter weiter markiert ein Schild an einer Hauswand heute den Pegel, unfassbar. Ein Pfiff hallt von rechts herüber, es müsste losgehen, die Zeit ist da. Und dann die erste Rauchwolke über den Häusern, die Lok hat den Sand eben gerade in Schwung gebracht, muss aber langsam über die Brücke, drei-viermal löse ich aus, die ersten Bilder sind im Kasten, und die Hatz beginnt. Runter von der Schaukelbrücke, zum Auto rennen, nächste Fotostelle Göhren, also links aus Rochlitz raus, die F 175 Richtung Waldenburg, in Carsdorf an der Kreuzung wieder links runter, hinab nach Wechselburg, Stadt links liegen lassen, weiter zur Göhrener Brücke, Überführung der Strecke Karl-Marx-Stadt –

▲ *Gag 56355 steht bereit, ich auch, denn jetzt heißt es wieder volle Konzentration, volle Pulle, keine Fehler, Adrenalin: steigen!*
Rochlitz, 50 3666, Juni 1986

Leipzig, Auto an die Seite, zur Not musste es auch mal auf der Straße stehen, zu Fuß auf die Straßenbrücke über die Mulde, und das Panorama lag vor einem. Schön qualmend kommt der Zug auf mich zu, unterquert die Brücke, schlängelt sich am Hang entlang zum Straßenübergang. Ich hebe den Arm zum Gruß, vielleicht sieht er mich, wenngleich er ja auf der linken Seite steht, und ja, hat es wohl geahnt, weiß ja, wo die Fans stehen, hat mein rotes Feuerwehrauto erkannt, grüßt fröhlich zurück, lacht. Einfahrt Lunzenau ist das nächste Ziel, könnte klappen, wenn es etwas langsam mit der Fuhre geht, und Frank dreht das hin, sein Führer spielt wohl auch mit, inklusive Qualm und Pfiff, danke mein Guter. Raus aus Lunzenau, nettes Städtchen, Ortsausgang links rauf Richtung Rochsburg, und dann Gummi. Nach der Tunneldurchfahrt durchfährt der Zug das Tal unterhalb der Rochsburg, an der Ortsausfahrt auf halber Höhe steht der Fotograf, alles gut, Licht gut, Qualm gut, und dann... dann kommt er, der LKW, der eine am Tag, aber eben gerade jetzt, und fährt genau ins Bild, genau vor die Lok, das war's. Ein kurzer Fluch, und schon wird das nächste Ziel anvisiert, Amerika wird knapp, also Einfahrt Penig, das geht immer. Der Haltepunkt Amerika kommt beim nächsten Zug, das Schild muss ja aufs Bild. Wann kommt man schon einmal nach Amerika. Einfahrt Penig, in einer langgezogenen Kurve fährt der Zug in den Abzweigbahnhof ein, von hier geht es alternativ über Narsdorf nach Rochlitz, wird als Ausweichstrecke genutzt. In Thierbach-Zinnberg war ich wieder voraus, Wolkenburg fällt heute aus, Einfahrt Waldenburg. Hier gibt es noch einen handbedienten Schrankenposten, oft bediente ihn eine Schrankenwärterin. Reinoldshain ist die letzte Fotostation, dann rollt die Fuhre nach Glauchau hinein. Vom Bahnsteig aus beobachte ich, wie die Lok abhängt und den schon bereitstehenden P 19736 bespannt. Für mich ist hier heute Schluss, das Wetter ist zu düster, Tschüss Frank, vielleicht bis heut abend. Er hat noch bis Penig an der Kohle zu tun, und zurück den Nahgüter, dann ist auch für ihn Feierabend.

Ich gondele vom Bahnhof kreuz und quer durch die Stadt, die im unteren Teil, in der Unterstadt, sehr marode wirkt, an manchen Ecken scheint seit „Jahrhunderten" nichts mehr gemacht worden zu sein, morbider Flair für den, der hier nicht wohnen muss. Der Bau der Flutrinne, Entlastungskanal der Mulde bei Hochwasser, hat zumindest die Überschwemmungsgefahr gemildert. In der Oberstadt mache ich noch einen kurzen Gang durch das Zentrum, Marktplatz, Schloss Glauchau, im Modellbahnladen gibt's nichts Neues, nur die bekannten Ladenhüter. Wer hier etwas Interessantes bekommen will, sogenannte „Bückware", muss Beziehungen haben, wie überall im Osten. Dann fahre ich noch kurz zu Franz, Drehscheibenwärter in Glauchau. Ich hab Glück, er ist zu Hause, es gibt einen fröhlichen Empfang und einen guten Kaffee, und einen kompletten Wasserstand gibt es auch, den hat er mir „versorgt", ich frag erst gar nicht woher. Dafür lasse ich die Rollgurte hier, und noch etwas obendrauf. Dann bietet mir der Franz weitere Dampflok-Armaturen an, die ich aber ablehne, denn wer weiß, ob dann morgen noch der Sand mit Dampf fährt ... Nun muss ich aber los, Hilde wartet bestimmt schon, und für Frank ist auch bald Schicht. Beim Abendessen schmieden wir den Plan für Morgen, Klaus hat Ruhe (dienstfrei), und wir können zusammen los. Es schellt, der Rainer kommt, Glück auf!, und dann reichen die Arme gerade so herum, wie geht's dir, mein Lieber. Schlechten Menschen geht's immer gut, und dann essen wir zu Abend, es gibt Letscho und ... Und wieder schnarrt die Türglocke, der nächste kommt, der Frank, hat es auch für heute geschafft und freut sich schon aufs Abendessen. Hat morgen leider Dienst, sonst würden wir zu dritt los, Sachsenpower pur. Und Mutter Hilde hat zu waschen, säckeweise, kein sauberer Job zwischen Kohlenhaufen und Feuerbüchse. Nun ist der Tisch voll, jeder Platz besetzt, und alle hauen rein, und ich, als gäbe es morgen nichts mehr. Der Dienst ist schnell Thema, Vater und Sohn geben ihre Erlebnisse zum Besten, ich frage alles Mögliche und Unmögliche nach, kriege gleich aus zwei Richtungen detaillierte Erläuterungen, Dienstabläufe und technische Einzelheiten sind naturgemäß von hohem Interesse. Frank kann nicht lange bleiben, hat morgen um Neune sich wieder zum Dienst zu melden, die Oelsnitz-Tour, und auch der Rainer verabschiedet sich bald aus der Runde, muss in aller Herrgottsfrühe zur Großbaustelle nach Dresden. Rainer, wie wär's, übermorgen nach Bautzen? Nu Glor! Weg sind sie.

Ich kläre mit Klaus noch ein paar Dinge für unsere morgige Tour, und dann bin ich endgültig reif für die Matratze, schlaft gut, ihr beiden da nebenan, ich halte noch die Kuckucksuhr an, und weg.

▲ *Warten auf Godot, oder: es fließt die Mulde so schwarz und träge … den Hauboldfelsen zu finden erfordert durchaus einiges Gespür, oder einen Ortskundigen, aber den hatte ich ja dabei.*
Wolkenburg, am Ufer der Mulde, August 1983

▲ *Mit blasenden Sicherheitsventilen rollt die Fuhre am Wolkenburger Hauboldfelsen vorbei. Dies ist mein letztes Foto vom Sandzug im regulären Dampfdienst.*
50 3670, Oktober 1987

▲ *Einige Motive sind in den letzten Dampfjahren zu Klassikern geworden. Die Querung der Mulde in Rochlitz gehört sicher dazu. Mitunter erblickt man Motive im Vorbeifahren, aus dem Augenwinkel, hält an, setzt zurück, steigt aus, Kamera vors Auge, einsteigen, ein Stück weiter, nächste Straße probieren, irgendwo draufsteigen, auch nichts, dann doch das hier, nein auch nicht, bis dann, manchmal, die Mühe sich lohnte. Mir jedenfalls gefiel der sandige Blick über die südliche Ortslage mit 50 3688.*
April 1987

▲ *So sieht das Ganze aus der Schießscharte des Schlossturmes aus, 50 3523 mit Sand 56355. Der Eintritt hat sich gelohnt.*

April 1987

◀ *Der berühmte Schaukelbrückenblick in Rochlitz.*
August 1983

◀ *Mit dem P 17754 rollt 50 3551 aus Karl-Marx-Stadt kommend auf Steudten zu. Diese Pz-Leistung war attraktiv, weil der Zug ins Morgenlicht fuhr, fototechnisch immer die bessere Wahl, da die tiefstehende Sonne insbesondere das Triebwerk besser ausleuchtet und die Farben deutlich satter sind. Farbe allerdings hatte die DR zeitweise nicht recht die passende auf Lager, Engpass beim Dampflokrot, dann tut's auch ein schmutziges Braun, wir nahmen's gelassen. Das arme Schaf war nicht ganz so gelassen, es konnte nicht weg, war angepflockt, doch seine Panik hielt sich in Grenzen, ein wenig hatte man sich doch schon gewöhnt an diese schwarzen, stinkenden Ungeheuer.*

Steudten, Oktober 1987

▲ *Im Oktober 1987 bewältigt 50 3654 mit Bravour wie gewohnt den Sand nach Wechselburg hinauf, das schwierigste Streckenstück auf der Mulde. Es ist der letzte goldene dampfende Oktober.*

◀ *Immer wieder fuhr die Hoffnung mit, auf der Göhrener Brücke einen Zug zu erwischen, während unten der Dampfer durchrollt. Nun, ein Zug ist es, doch wie so oft fehlten ein paar Sekunden, und schon war der Diesel aus dem Bild.*

Göhren, 50 3576, Dg 56355, April 1986

▲ *Das Muldental, Tal der Zwickauer Mulde, das Wasser eine übelriechende Brühe, wir hätten unsere Filme auch gleich dort an Ort und Stelle entwickeln können. Aber davon einmal abgesehen, war diese Strecke eine absolute Perle im Reigen der noch dampfbetriebenen. Schwere Sandzüge in der Steigung bei Wechselburg verschafften unsereins ein erhebendes Hörerlebnis. Die landschaftlichen Reize dieser Schiene waren vielfältig, so dass ich schon ein paar Jahre brauchte, um dann doch nicht alle Fotostellen abgeknipst zu haben. Dennoch, wir kannten jeden Schotterstein, viel Reifengummi ist auf dem Asphalt geblieben, jede Kurve war uns vertraut, wenige Perspektiven, die wir nicht gesehen hätten. Nicht nur anfangs war Klaus dafür natürlich eine unschätzbare Hilfe, denn er kannte den Verlauf durch unzählige Fahrten. Auch später wies er immer noch auf neue Möglichkeiten hin, hatte schon einen ganz guten Fotografenblick. Das Motiv mit der Göhrener Brücke beeindruckte nachhaltig. Danach ging's in das nahe Cafe auf ein kühles Bier oder leckeres Stück Torte.*

50 3654, Oktober 1987

▶ *Gag 56353, diesmal mit der Altbau 50 2146, die gut ein Jahr in Glauchau Dienst tat. Da es nur wenige dieser nicht rekonstruierten Maschinen gab, waren sie begehrte Fotoobjekte.*

Penig, Mai 1985 (Foto: Peter Kristandt)

▲ *Begleiten wir den Sand noch ein wenig weiter. Hier hat er gerade den Rochsburger Tunnel verlassen, in Fahrtrichtung des herandonnernden Zuges linker Hand die Rochsburg, das Tal beherrschend.*

Rochsburg, Oktober 1987

▶ *Mit dem Nahgüterzug 65364 macht sich das Rochlitzer Personal auf den weiteren Heimweg. Nach Rangieraufenthalten in Waldenburg, Penig und Wechselburg, soweit der Bedarf besteht, erreichen sie gegen 18.00 Uhr wieder die Einsatzstelle. Bei gutem Wetter war eine stimmungsvolle Anfahrt zu erleben, ein wenig Götterdämmerung spielte wohl auch mit.*

Penig, 50 3551, Oktober 1987

▲ *Über die Schaukelbrücke führte der Weg direkt zu dieser Stelle, kurz vor Wolkenburg, der Zug hat gerade die Stützmauer an der Mulde passiert. Die Rochlitzer 50 3551 führt den Sand nach Glauchau durch das bunte Muldental. Wann das Ende kommen würde, wussten wir nicht, wer wusste das schon, noch nicht mal die Personale, vielleicht noch nicht mal die „Führung". Aber die Einschläge kamen näher, Kamenz seit Mai dampffrei, Karl-Marx-Stadt, Zwickau, Angermünde, Eberswalde, vor allem Nossen und Oebisfelde, um nur einige zu nennen. Wir hörten die Schwäne singen.*

Oktober 1987

▲ *Der Thieme, Herbert, mit Verwandtschaft in Weinböhla, überquert souverän die schwankende Schaukelbrücke über die dunklen Fluten der Zwickauer Mulde in Wolkenburg. Auch er nächtigte mitunter in Glauchau, neben Volker natürlich und noch einigen Anderen. Von Letzteren fanden nicht alle Hildes Wohlwollen. Doch ihre Höflichkeit siegte immer.*

Oktober 1987

▲ *Da der Sand in Waldenburg mit dem Nahgüter nach Rochlitz kreuzt, verlassen wir den Ort nicht und erreichen über die Schaukelbrücke diesen äußerst knapp bemessenen Fotostandpunkt oberhalb des Wassers, Kamera einhändig gehalten, die andere Hand am Ast. 50 3551 bringt ihren Rübenzug gen Norden. Dieser Tag war fotografisch einer der schönsten, die mir in der DDR vergönnt waren, über solche Ergebnisse kann man sich lange freuen, eigentlich immer.*

Wolkenburg, Oktober 1987

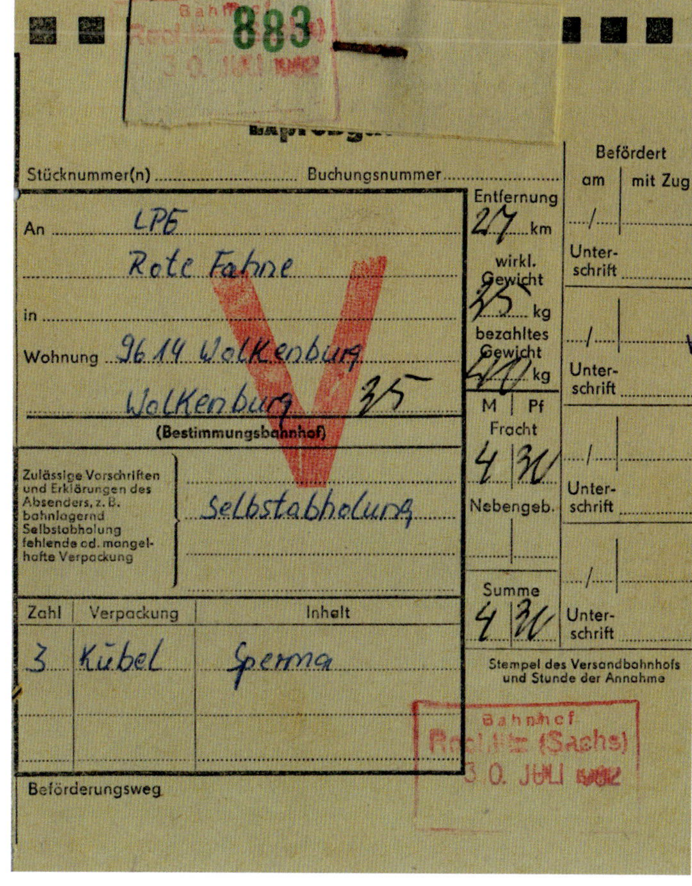

883

Bahnhof
30. JULI 1982

Stücknummer(n) .... Buchungsnummer ....

An LPE
Rote Fahne
in ....
Wohnung 9614 Wolkenburg
Wolkenburg 35
(Bestimmungsbahnhof)

Zulässige Vorschriften und Erklärungen des Absenders, z. B. bahnlagernd Selbstabholung fehlende od. mangelhafte Verpackung: Selbstabholung

Zahl	Verpackung	Inhalt
3	Kübel	Sperma

Beförderungsweg

Entfernung 27 km
wirkl. Gewicht 35 kg
bezahltes Gewicht 40 kg

	M	Pf
Fracht	4	30
Nebengeb.		
Summe	4	30

Befördert am / mit Zug
Unterschrift
Unterschrift
Unterschrift
Unterschrift

Stempel des Versandbahnhofs und Stunde der Annahme

Bahnhof
Rochlitz (Sachs)
30. JULI 1982

▶ *Es gab so allerhand auf der Schiene zu transportieren …*

Frachtbrief von 1982

Im Leben kommt es nicht darauf an,
ein gutes Blatt in der Hand zu haben,
sondern mit schlechten Karten gut zu spielen.

(Robert Louis Balfour Stevenson)

Oelsnitzer Runden

Heute geht es an die Strecke nach Oelsnitz und Lugau bzw. weiter nach Wüstenbrand. Wir beginnen den Tag mit dem Ng 65319, Punkt 10 ab St. Egidien, heute wieder ein schwerer Train, gute 800 Tonnen, von Glauchau herauf elektrisch gekommen, von hier geht's mit Dampf weiter. Es ist noch ein wenig Zeit, wir tratschen auf dem Bahnsteig mit dem Personal. Das kurze Stück hinauf nach Lichtenstein hat es in sich, Steigungen um die 1:40. Der Lokführer muss den Zug bereits im Bahnhof zügig ins Rollen bringen, denn es geht gleich in eine Rechtskurve hinein und dann unmittelbar in die Steigung. Wir postieren uns unweit der Straßenbrücke vor Lichtenstein. Die Zylinderschläge der 3697 hallen im Einschnitt wider, werden langsamer, härter, lauter. In der Linkskurve kriecht der Zug im Schritttempo heran, dann erscheint die Rauchkammer im portalförmigen Durchlass, ihr Auftritt, bitte! Dicke Rauchwolken jagen aus dem Schlot, hüllen die Brücke ein, johlende Kinder am Straßengeländer. Ohrenbetäubend zieht die Maschine an uns vorbei, Kolbenhub für Kolbenhub, träge und widerwillig rollt die Wagenschlange hinterher, Trägheit der Masse gegen Zugkraft der Dampfmaschine, für unsereins immer wieder ein mitreißendes Schauspiel.

▲ *50 3657 arbeitet sich nach Lichtenstein hinauf. An der kleinen Straßenbrücke mit ihrem bruchsteingemauerten Portal am Ortseingang erwarteten wir so manches Mal die hart arbeitende Maschine. Im Bahnhof trafen wir euch dann wieder, gab es doch meistens etwas zu rangieren.*

Juni 1986

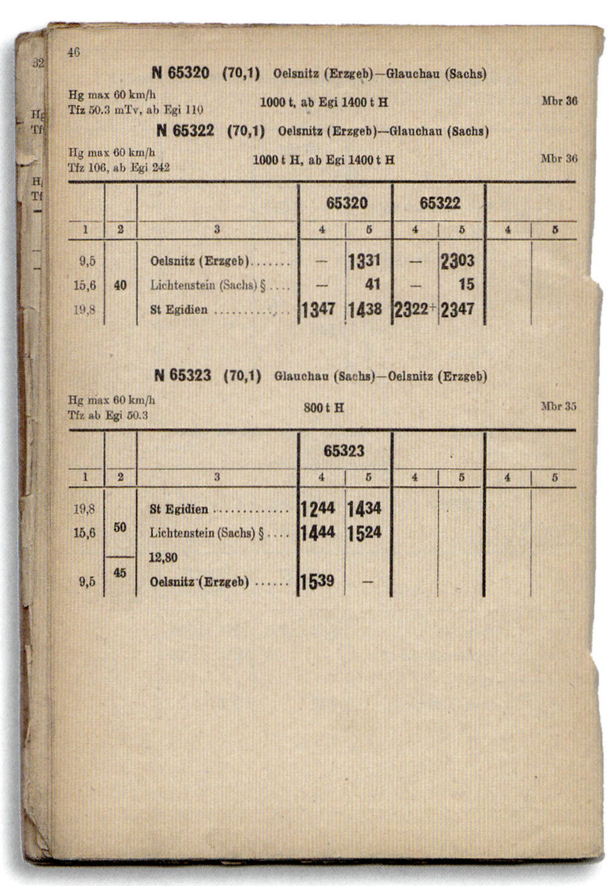

46

N 65320 (70,1) Oelsnitz (Erzgeb)—Glauchau (Sachs)

Hg max 60 km/h
Tfz 50.3 mTv, ab Egi 110 — 1000 t, ab Egi 1400 t H — Mbr 36

N 65322 (70,1) Oelsnitz (Erzgeb)—Glauchau (Sachs)

Hg max 60 km/h
Tfz 106, ab Egi 242 — 1000 t H, ab Egi 1400 t H — Mbr 36

			65320		65322			
1	2	3	4	5	4	5	4	5
9,5		Oelsnitz (Erzgeb)	—	1331	—	2303		
15,6	40	Lichtenstein (Sachs) §	—	41	—	15		
19,8		St Egidien	1347	1438	2322+	2347		

N 65323 (70,1) Glauchau (Sachs)—Oelsnitz (Erzgeb)

Hg max 60 km/h
Tfz ab Egi 50.3 — 800 t H — Mbr 35

			65323					
1	2	3	4	5	4	5	4	5
19,8		St Egidien	1244	1434				
15,6	50	Lichtenstein (Sachs) §	1444	1524				
		12,80						
9,5	45	Oelsnitz (Erzgeb)	1539	—				

◀ *Nach der Ankunft in Oelsnitz ist die Übergabe nach Lugau zu erledigen, dann ist Mittagspause am Oelsnitzer Schuppen. Mit dem N 65320 geht's zurück nach St. Egidien, wo schon der zweite Nahgüter 65323 bereitsteht. Dieser hat 40 Minuten Rangieraufenthalt in Lichtenstein, und Zeit für ein Pläuschchen bleibt meistens auch.*

▼ *Da ist er mal in der Zeitung, der junge Heizer. Hier bei der „gezielten Überbietung der Planaufgaben", getreu dem Motto, viel hilft viel, oder, wer gut schmiert, der gut fährt.*

1986

FREIE PRESSE — LOKALSEITE — GLAUCHAU

Eisenbahner stellen sich hohe Aufgaben

Zusätzliche Instandsetzung von Güterwaggons

Glauchau. Ausgangspunkt für neue und anspruchsvollere Aufgaben für die Eisenbahner des Bahnbetriebswerkes sind die im I. Quartal zu Ehren des XI. Parteitages der SED erreichten guten Ergebnisse bei der gezielten Überbietung der Planaufgaben. Im sozialistischen Wettbewerb geht es darum, die Erfahrungen der Besten zu verallgemeinern. Die von den Industriebetrieben zusätzlich gefertigten Erzeugnisse sollen schnell und pünktlich in guter Qualität transportiert werden. Dabei wird die Bereitstellung der Lokomotiven für diese zusätzlichen Transporte gesichert. Bis Jahresende wollen die Bahnbetriebswerker zusätzliche Güterwaggons durch Instandsetzungen gewinnen. Diese Aufgabe übernehmen die Eisenbahner zusätzlich zum Wettbewerbsprogramm. Als eine wichtige Aufgabe wird die Bereitstellung von Personal für Schwerpunktaufgaben betrachtet. So sollen Betriebsangehörige z. B. im Rangierdienst und bei der Elektrifizierung sozialistische Hilfe leisten.

Im Bahnbetriebswerk Glauchau werden moderne Diesel- und Elektroloks gewartet und repariert. Aber man begegnet auch noch den alten Dampflokomotiven, die noch immer sicher auf Nebenstrecken rollen. Unser Fotoreporter Edgar Müller begegnete hier Frank Schwarzenberg, der einen solchen „Veteranen" im Glauchauer Bahnbetriebswerk pflegt.

In Lichtenstein rangieren, Plausch mit dem Fahrdienstleiter, man kennt sich, genauer, Klaus kennt ihn, natürlich. Weiter zur Bahnhofseinfahrt nach Oelsnitz, dort hängt die Lok ab und übernimmt die Übergabe nach Lugau, die bereits zusammenrangiert wurde. Auf der Oelsnitzer Aufsichtsbank (war aber auch eine Aussichtsbank, mit Blick auf rangierende Dampfer) kommt mir wieder die Geschichte in den Sinn, die mir hier vor Jahren passierte. Klaus, habe ich das eigentlich erzählt, als ich hier vor Jahren im Wohnwagen campiert habe? Hier in Oelsnitz? Ja, es war die Tour, wo wir uns kennenlernten, im März 1980, als ich hier am Bahnhof gestrandet war und die Gaststätte „Erzgebirgshof" geschlossen vorfand, in der ich zu übernachten gehofft hatte. Auf der Bank am Bahnsteig sah ich mich schon die Nacht verbringen, Mitte März. Ich kam dann aber mit dem Aufsichter ins Gespräch und fragte ihn, wo man hier in Oelsnitz wohl übernachten könne. Das sei jetzt schwierig, meinte er, denn der Erzgebirgshof nebenan hat geschlossen, ja leider, bestätigte ich. Wollen sie denn die Nacht hier verbringen? fragte er ein wenig erschrocken. Nun, mir bliebe wohl nichts anderes übrig, aber das ginge schon, wäre nicht mein erstes Mal. Warten sie mal, da fällt mir etwas ein, wir haben da einen alten Wohnwagen auf der Wiese stehen, ganz in der Nähe, wenn sie wollen, kann ich ihnen aufschließen, Decken und Kissen sind drin, wenn

▲ *Die rückseitige Gartenlaube, das Werk eines bekannten Künstlers, Klaus bekannten Künstlers. Der Schrebergarten war dir immer ein besonderes Anliegen, und seine Erträge konnten sich sehen lassen, gingen ihren Weg in Einweckgläser und Marmeladentöpfe, Sauerkrautkrüge und Frostetüten.*
Glauchau-Jerisau, 8. Juli 1999

ihnen das reicht? Wenn mir das reicht, was für eine Frage, das war ein Wunder! In einer halben Stunde habe er Dienstschluss, dann könnten wir gehen. Ich war gerettet, die Knutschkugel war genau das Richtige. Das wäre eine lange Nacht geworden, und empfindlich kalt wurde sie auch. Morgens war der Wagen mit Raureif überzogen, ich hatte wirklich Glück gehabt. Würde ich diesen damals noch jungen Mann wiederfinden, wir hätten unsere Freude. Mein Dank gilt ihm noch heute, seien sie beschützt. Ja, so war das in Oelsnitz, und die nächste Nacht war ja die im Hotel Lindenhof in Glauchau, die Geschichte kennt ihr ja bereits, Hildes entsetzte Blicke hab ich noch vor Augen, 90 Mark (West!) hatte ich in diesem „edlen“ Haus in der Auestraße zu berappen, Interhotel, ein Vermögen für meine damaligen studentischen Verhältnisse. Ein Vermögen auch für euch, denen ich das Geld viel lieber gegeben hätte, aber leider wussten wir zu diesem Zeitpunkt

▲ *P 19677 nach Oelsnitz, 50 3670 beschleunigt diesmal flott aus Egidien heraus, sind mal gerade 100 t. Dieser Personenzug kam in den neuen Jahresfahrplan 1987 anstelle der Übergaben nach Lugau hinzu. Kein Jahr mehr, und der Dampf bei der RBD Dresden ist aus.*

Juli 1987

(Foto: Peter Kristandt)

noch nichts voneinander. Klaus lacht, „des mocht nischt, Hauptsache, du musstest nicht noch mal frieren!" Diese Art, die Dinge mit Humor zu nehmen, ist ein wahres Lebenselixier.
Übrigens, im Westen konnte man Mark der DDR bekommen, aber natürlich nicht einführen. Der Kurs war 1:7! Ich hatte also etwa einen halben ostdeutschen Monatslohn für eine Übernachtung ausgegeben, welch ein Wahnsinn. Dieser Umtauschkurs war schon eine Versuchung, und ein einziges Mal war ich ihr auch erlegen. Ein riskantes Unternehmen, mit 700,- Mark der DDR, gut versteckt am Körper, durch die Grenzkontrolle. Die dafür gekauften Modellbahnen wurden dann als Geschenke auf der Zollerklärung vermerkt, da der Zwangsumtausch dafür alleine nicht ausgereicht hätte. Hätten die meinen Puls fühlen können, ich wäre sofort aufgeflogen, na ja, lassen wir das. Auf jeden Fall hätte ich weitere DDR-Besuche auf längere Zeit vergessen können. In solchen

▲ *Haltepunkt Rödlitz-Hohndorf, eisenbahnbauliches Relikt wie aus den Gründerjahren, aber auch zu diesem Zeitpunkt schon nicht mehr besetzt. Ein paar Meter weiter überquert die Fuhre den Rödlitzbachviadukt, durch Hohndorf ist dann bald Oelsnitz erreicht. Die Strecke steigt stetig von St. Egidien bis Lugau, die schweren Züge, ab St. Egidien um die 800 t, hatten meist bis Oelsnitz, wenn in Lichtenstein nichts Nennenswertes stehenblieb, richtig zu tun. Immer wieder ein akustisches Schauspiel, wenn der 65319 zunächst und dann der 65323 die Fenster erzittern ließen. Übrigens, es war 10.52 Uhr, das sagt zumindest die Stasi-Akte zu diesem Tag. An manchen Tagen hätten wir uns wirklich die Notizen sparen können.*

50 3519, April 1987

Fällen sprach man gerne Einreiseverbote aus, wenngleich auch die nicht ausnahmslos durchgesetzt wurden. Ich hatte Glück, es blieb auch bei diesem einen Mal.
Die Lok steht wieder vor ihrem Zug, wir wollen weiter, zum nächsten Fotopunkt, Klaus hat da schon eine Idee ... Die Rückleistung sparen wir uns, Tender voran muss nicht sein, auch die Wolken werden dichter, brechen wir also hier ab und kehren in der Oelsnitzer Eisdiele ein, genau das Richtige jetzt.
Gönn mir noch kurz zum Goarten runnerfohrn, Ingo? Na klar, gibt's wieder was zum Ernten? Der Schwarzenbergsche Schrebergarten lag an der Flutrinne, in Sichtweite der Bahnstrecke in Richtung Zwickau. Neben allerhand Obst an Bäumen und Sträuchern gab es reichlich Gemüse, Schädlinge waren selten, dafür sorgten ja die Dampfloks. Möhren, Erbsen, Bohnen, Salat, Zwiebeln, Kartoffeln, sie alle wurden in der Regel im Korb auf dem Fahrrad nach Hause, in die Oberstadt gekarrt. Vieles wanderte dann in Einmachgläser, oder in Nachbarhände, manches erlebte aber auch eingeweckt den Grenzübertritt. Und wenn der Walnussbaum ein gutes Jahr hatte, bekam ich ein Säckchen mit, für den bunten Teller zu Weihnachten. An der Rückseite der Laube entstand 1992 ein Gemälde, 5 x 2 Meter, ein Zug der Fichtelbergbahn. Lokführer und Fahrgäste der einfahrenden Züge aus Zwickau bzw. Gößnitz wurden so standesgemäß begrüßt. Überraschungen hattest du immer wieder auf Lager, Klaus, sei es nun ein Lokschild, eine neue Info, ein Reiseziel, eine Fotostelle, die du vom Zug aus gesehen hattest, eine Anekdote aus deinem Berufsleben, wer was versorgen konnte, welcher Zug wohin fuhr, und was weiß ich nicht noch alles. Ich war dir oft viel dankbarer für das alles, als du vielleicht ahntest.

Nach dem Abendessen kommen die Karten auf den Tisch, ach du Schreck, wann hab ich das letzte Mal „gereizt"? 18, 20, ich bin weg ...
Diese Skatrunden forderten den Rest meiner nach einem anstrengenden Tag noch verbleibenden Konzentration, und Rainer und Frank waren ausgebuffte Zocker, die mit Pokerface am Tisch sich nichts anmerken ließen, ganz wie ihr Vater, der die Kunst dieses Spiels virtuos beherrschte. Ich verlor mindestens die Hälfte meiner Spiele, und hätte doch vorher geschworen, dass mir dieses jetzt aber keiner abnimmt. Was dann bei solchen „sicheren" Spielen passierte, ließ mir den Atem stocken, woher wusste der, was ich auf der Hand hatte? Und dann haben sie mir die Lederhosen nach allen Regeln der Kunst ausgezogen, ich wusste nicht, wie mir geschah. Dass ich aus dem Schneider kam, war alles. Mit hochrotem Kopf musste ich das schadenfrohe Gelächter über mich ergehen lassen, ich hätte in die Tischplatte beißen können. Wartet nur, beim nächsten Spiel ... Und überhaupt, wir spielten natürlich mit deutschem Blatt, also Schellen, Grüne, Eicheln und Rote, Unter, Ober, König und Daus. Bis ich das drin hatte - aber darauf nahm man wenig Rücksicht, das war hier schließlich kein Spaß. Was war das für ein Gezeter, wenn ich mich mal wieder vergriffen hatte, da gab's kein Pardon, das war eine harte Schule, das waren unvergessliche Stunden, und wenn dann noch Hilde mit von der Partie war, ging die Post richtig ab, und die konnte auch spielen. Da haben auch die beiden sich nichts geschenkt. Diese Skatabende hatten es in sich, es ging um die Ehre, und der Klaus schrieb immer schön auf, damit die Schande auch ja nur in ihrem ganzen Ausmaß offenbar wurde. Die Liköre nebenbei ließen mich zwar die Schmach besser ertragen, und er schenkte immer fleißig nach, aber ich sah dem nächsten Skatabend schon mit gemischten Gefühlen entgegen. Noch ein Wort zu den Spirituosen: Klaus hatte immer allerhand Geister und klebrigen, alkoholhaltigen Sirup im Schrank, zauberte mal diesen und mal jenen hervor, mal Mokka, mal Becherovka und mal Zirbelkiefer, ich soff alles, bin ja so für das Süße. Nur

die Zirbelkiefer, die war eher etwas für äußere medizinische Anwendungen, zum Einreiben, aber es half nichts, es musste runter. Zur Verdünnung gab's zwischendurch ein Fläschchen Zwickauer Muldenplempe („Erichs letzte Rache"), wenn das Wernesgrüner oder Radeberger mal wieder nicht zu bekommen war, und das war meistens. Selbstverständlich ging es nächsten Morgen wieder früh raus, je nach Jahreszeit zwischen 6 und 8 für mich, je nach Dienstplan für Klaus, und Hilde war oft schon weg, wenn mein Wecker ging, Frühschicht bei Palla.

So, und jetzt ist Zeit für dich, Hilde, also korrekt Martha Louise Hildegard Wignanek, aus Sorau (heute Zàry) in der polnischen Niederlausitz. 1946 wurden die Deutschen dort vertrieben, am 9. November hattet ihr den Güterzug zu besteigen, dessen Ziel niemand kannte. Wirklich weit bist du nicht gekommen, denn in Glauchau war schon Endstation, lerntest ein paar Jahre später den Weberlehrling Klaus Schwarzenberg kennen, einen gut aussehenden Mann mit kräftiger Statur und dem Schalk im Nacken, Fußballer beim TSV Wernsdorf, später dann SG Lok Glauchau-Niederlungwitz. Du hast bei Bößneck & Meyer gelernt, Klaus bei Ernst Seifert, die Webereien waren direkt benachbart und durch eine Mauer getrennt. Als diese Mauer eines Tages fiel, kamt auch ihr euch näher. Die beiden Betriebe, ohnehin schon nicht mehr privat, sondern seit 1951 formell bereits zum VEB Textilwerke Einheit verschmolzen, sollten auch praktisch zusammengelegt werden. Die Belegschaft behielt allerdings die alten Namen noch lange bei. 1970 hieß das ganze schließlich VEB Textilwerke Palla Glauchau und beschäftigte mehr als 5000 Menschen.

1954 habt ihr geheiratet und 2014 euren 60. Hochzeitstag gefeiert. Die Brigitte wird geboren, dann der Rainer, und als Frank 1961 das Licht der Welt erblickt, bleibst du endgültig zu Hause, machst 10 Jahre Kinderpause. 1972 gehst du wieder arbeiten, wieder gegenüber bei VEB Palla, in

▲ *Die Hilde mit der Buschmann, Gisela, was die Mutter von Katrin ist, im Bw, auf dem Weg nach Hause, unterbrochen nur noch durch einen kleinen Schnack unter Frauen, sie haben bei der Festvorbereitung in der Küche geholfen, morgen geht's hier doch rund…*

Glauchau, 15. Juni 1990

der Versandabteilung. Ein Großteil des Gebäudes steht heute noch, beherbergt ein kleines Einkaufszentrum, sehr praktisch für euch beiden, die ihr die 80 überschritten habt. Die Schichtarbeit war für dich so normal wie für deinen Eisenbahnermann, ihr gabt euch oft die Klinke in die Hand, und wir Wessis mogelten uns auch noch dazwischen. Wie dein Mann bliebst du in politischen Dingen

▲ *Klaus rollt Lz mit 50 3697 in den Bahnhof Lugau, um die nächste Übergabe des Tages nach Oelsnitz abzuholen. Auf der linken Seite steht Frank, heute fahren sie wieder gemeinsam, und das lassen sich Volker und ich nicht entgehen, was für eine Frage. Wir haben sie schon von St. Egidien bis hierher begleitet, jetzt gibt's eine kurze Kaffeepause.*

April 1986

▶ *Technischer Dienst zwischendurch, sitzt noch alles fest, Luftbehälter entwässern, ist irgendetwas warm, hier und da ein paar Tropfen Öl – alltägliche, umfangreiche Routine an dieser aufwändigen Maschine, deren Prinzip schon über 150 Jahre für Zugkraft sorgt. Es sind die letzten Exemplare dieser einst weltumspannenden Gattung, und sie hat Vorteile gegenüber ihren modernen Schwestern, doch die Nachteile überwiegen. Auch Klaus fuhr durchaus gerne auf der 118, war eine saubere Angelegenheit, aber der Dampfer, der liegt ihm im Blut.*

Lugau, 50 3697, April 1986

▶ *Der Führerstand von 50 3697, Steuerung, Regler, Bremsen, Manometer, Feuertür, Halter für den Buchfahrplan und ... was ist denn das da Aluglänzendes? Wir in Westfalen sagen „Döppen" dazu, Henkelmann, warmes Essen zum Inhalt, Tee oder Kaffee geht auch, von Hilde für die Männer auf dem stählernen, rußigen Ross. April 1986*

immer neutral, die sozialistische Ideologie war euch beiden wie vielen anderen fremd, Parteigenossen wäret ihr nie geworden. Gerechtigkeit und Ausgleich sind euch wichtig ebenso wie Verlässlichkeit und Treue. Als Klaus mir die Geschichte von dem jungen Russensoldaten erzählte, dachte ich, besser kann man euch nicht beschreiben:
Es war wieder mal so ein Tag, an dem eure Freunde, die Russen, mit ihrem ganzen Gelumpe durch die Stadt gefahren kamen, Panzer über Panzer, danach mussten die Straßen wieder repariert werden. An der Scherbergstraße stand ein Soldat und regelte den Verkehr, ein junger Bursche, wie man sie oft beim russischen Militär fand. Als Klaus an ihm vorbeigeht, fragt ihn der Soldat schüchtern nach Zigaretten, aber er hatte nur noch zwei, die gibt er ihm, der sich bedankt. Beim Einkaufen packt Klaus dann noch eine Schachtel Zigaretten mehr ein und Streichhölzer. Auf dem Rückweg reicht er dem armen Kerl, der noch immer frierend an der Ecke stand, die Packung. Mit leuchtenden Augen und völlig überrascht nahm er sie entgegen, wusste gar nicht, wie ihm geschah, freute sich wie ein kleines Kind. Im Rucksack hatte Klaus aber noch zwei kleine Fläschchen Schnaps, auf die zeigte er mit dem Finger und drehte ihm den Rücken zu. Ungläubig und sich unsicher umschauend nahm der Russe sie vorsichtig heraus, denn das durfte niemand sehen, sonst hätte es großen Ärger gegeben, für beide, besonders aber für den armen Soldaten. Alkohol war bei harter Strafe verboten, und die Russen waren nicht zimperlich.

▲ *Gerade noch erwischt, könnte man hier sagen, hat der Fotograf die Maschine, 5 Tage vor ihrer Abstellung. Am Regler ein gewisser Klaus Schwarzenberg, der zu diesem Zeitpunkt bereits mehrere Westkontakte hatte.*

Lichtenstein, 22. September 1980 (Foto: Volker Fröhmer)

▲ *Nicht ganz vollständiges Familienfoto, es fehlt Tochter Brigitte und ihre beiden Söhne Sven (Lokführer in München) und Eike (Landschaftsgärtner in Zürich, fährt alle zwei Wochen heim). Außerdem müssten heute noch drei weitere Enkel, Lisa, Florian und Felix von Rainer und der Marlon von Eike und Mandy sowie die Urenkel Jonas, Ann-Sophie und Pascal von Lisa sowie der Fabian von Sven mit aufs Bild. Und dann gibt's natürlich noch den Günther, Bruder von Klaus, Cousins und Cousinen …*
Glauchau, 19. September 1999

Ihr seid friedliebende Menschen, denen verletzender Streit zuwider ist. Solidarisches Zusammenhalten bei der Arbeit, ja, das war wichtig, da konnte man sich auf euch immer verlassen, und dafür wurdet ihr in euren Kollektiven geschätzt. Freundlich zu jedermann, so kenne ich euch bis heute. Doch wenn's sein musste, kam auch mal eine unbequeme Wahrheit auf den Tisch, nicht wahr, Hilde, wie gesagt, wenn's sein musste. Du standest und stehst deinem Mann immer zur Seite, hast ihn nie im Stich gelassen, auch wenn es eng wurde, und mit uns Wessis wurde es manchmal wirklich eng, im wahrsten Sinne des Wortes. An manchen Tagen waren nicht weniger als 3 Dampflokfans zu Besuch, da war einiges zu organisieren, und das unter sozialistischen Planwirtschaftsbedingungen, und die Wessis waren ja zunächst einmal Klaus' „Leute". Dass du dich außerdem um deine pflegebedürftige Mutter hast kümmern müssen, davon haben wir kaum etwas mitbekommen. Dein Einsatz und großzügiges Verständnis wie auch dein Taktgefühl haben nicht zuletzt unsere Besuche zu einem, für unsere Begriffe, harmonischen Miteinander werden lassen. Deine Solidarität bewundere ich bis heute, das muss dir erstmal jemand nachmachen.

Wenn du eine Stunde
glücklich sein willst:
schlafe.
Wenn du einen Tag lang
glücklich sein willst:
geh fischen.
Wenn du einen Monat lang
glücklich sein willst: heirate.
Wenn du ein Leben lang
glücklich sein willst:
liebe deine Arbeit.

(Aus China)

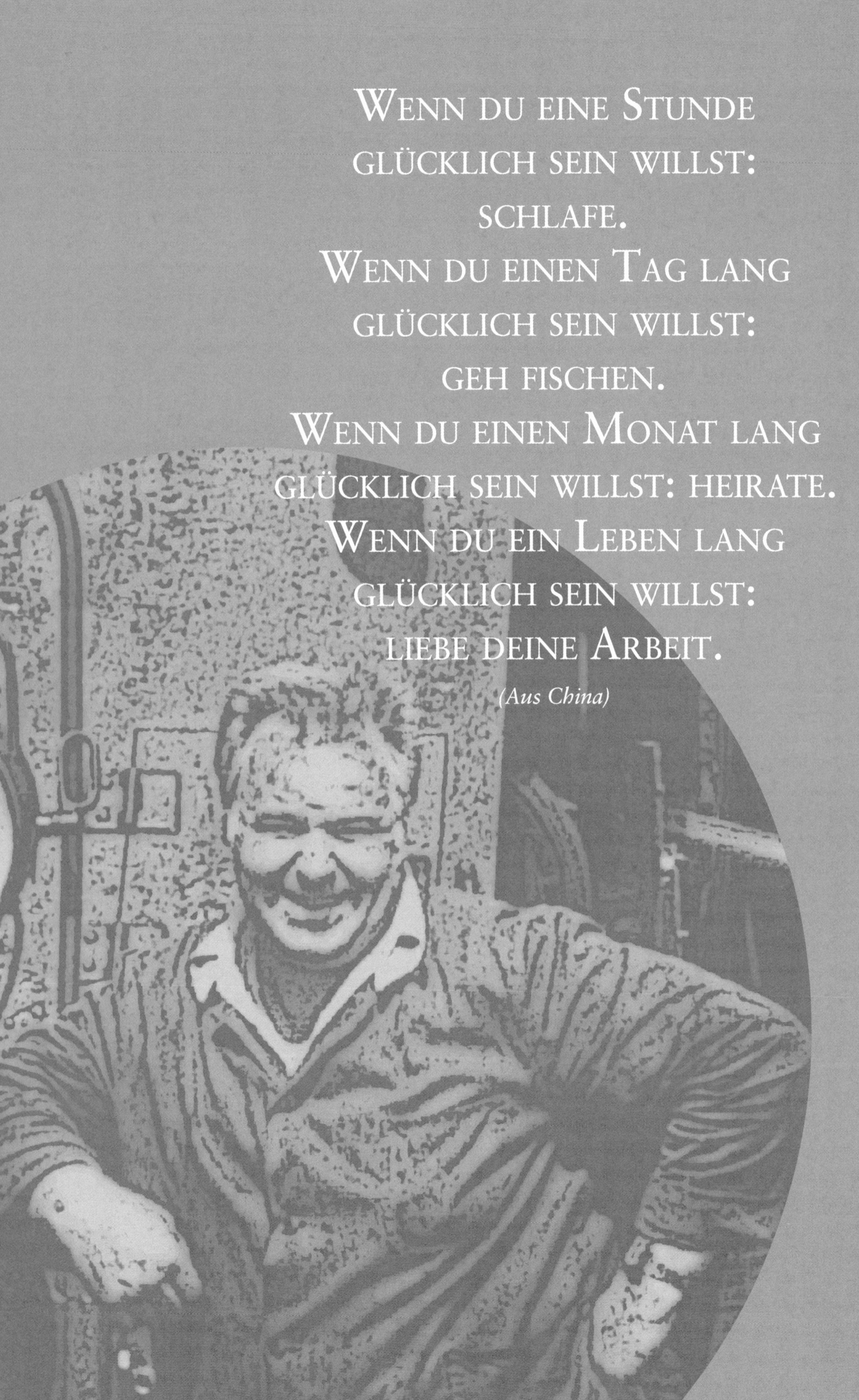

Bw Glauchau, Dienstplan 8, Tag 1, 24. April 1986

Dienstbeginn, mitunter auch Schichtbeginn genannt, ist um 9.10 Uhr, so stehts im Dienstplan Nr. 8 des Bw Glauchau, gültig ab 2. Juni 1986. Er hängt neben den anderen Dienstplänen im Aufenthaltsraum vor der Lokleitung, jeder Eisenbahner im Fahrdienst hatte dieses wichtige Papier zur Kenntnis zu nehmen und sich seinen persönlichen Dienstplan abzuschreiben, Kopien waren teuer und gab es nur selten. Ein solcher Dienstplan ist für Laien ein Buch mit sieben Siegeln. Er zeigt bildlich, welche Züge an welchen Tagen wann und von wo nach wo fahren. Außerdem gibt er Auskunft über die Menge und Art der Lokomotiven und die Anzahl der benötigten Personale, bei Güterzügen wie in unserem Fall also Lokführer und Heizer bzw. Beimann. Der Umlauf Nr. 6 betrifft die Triebfahrzeuge der Baureihe 50.35, also die Reko 50er, zwei Stück sind noch im täglichen Einsatz, eine Lok fährt den Tag 1, also die Tour nach Oelsnitz, und die andere den Tag 2, die Tour auf der Mulde. Die Loks wurden von Tag zu Tag getauscht, fuhr die eine heute den Sand, fuhr sie morgen die Oelsnitzer Runde, Ausnahmen bestätigten wie üblich die Regel. So unterlagen die Loks einer gleichmäßigen Abnutzung. Es gibt im Umlauf 6 eine Tag- und eine Nachtschicht, so dass jeweils zwei Personale, also Lokführer und Heizer, sich abwechseln. Da ein Dienst zwischen 8 und 12 Stunden dauerte, mithin pro Woche zwischen 40 und 50 Stunden Arbeitszeit zusammenkamen, außerdem die Ruhezeiten zwischen Dienstende und erneutem Dienstbeginn mindestens 12 Stunden betragen mussten, und um die Betriebsabläufe auch bei Krankheit und sonstigen Besonderheiten sicherstellen zu können, werden in unserem Fall insgesamt 8 Personale benötigt. Beim Sand fand der Personalwechsel in der Regel im Bw statt („wir haben uns die Lok aus dem ‚Haus' (*Lokschuppen*) genommen"), bei der Oelsnitz-Tour zur Nachtschicht im Bw, zur Tagschicht in St. Egidien, wohin die Personale als Fahrgast kamen. Soweit in Kürze zu den Rahmenbedingungen des fahrenden Personals damals in Glauchau.

Heute ist ein besonderer Tag, nicht nur, weil sich das Wetter einmal von seiner schönen Seite zeigt, das wäre heute sogar fast zweitrangig, nein, heute fahren sie mal wieder gemeinsam, die beiden Schwarzenbergs, Vater Klaus mit Sohn Frank, und da das eher selten vorkam, muss ich dabei sein, wenn ich schon mal da bin. Im Juli 1990, als ihr in Altenberg mit der 50 3696 weiltet, hattet ihr sage und schreibe 12 gemeinsame Dienste.

Kurz vor neun betritt Klaus den langen und schmalen, spärlich beleuchteten Personaltunnel, der von der Bahnhofsseite hinüber ins Bw führt. Frank wartet dort schon auf ihn. Glück auf, Voata, ein kurzer Händedruck, Glück auf, alles ok? und sie verschwinden im Mannschaftsraum, tauschen die zivile gegen die speckige Dienstkluft, verstauen die Klamotten im Spind und machen fast pünktlich Meldung beim Lokleiter. Glück auf, gibt's was Besonderes? Nee, habt heut die 3657. Sonst is nischt. Sie schnappen sich ihren Lokdienstzettel und schreiben schon mal die Zugnummern auf, die heute auf ihrem Plan stehen. Ach, Hermann, kannst mal deiner Frau sagen, sie kann sich noch ein paar Glas Bohnen abholen, die Hilde hat reichlich eingekocht. No glor doch, Klaus, sag ich ihr, bedankt, mochts guut. Dann marschieren sie, jeder mit seinem Täschchen unterm Arm, kann auch ein Plastebeutel sein, wieder zum Tunneleingang und zwängen sich durch die enge Röhre zurück zum Bahnsteig, Fahrgast mit dem P 5639 nach St. Egidien, Ablösung der Kollegen vom Nachtdienst. Die sitzen schon entspannt auf der Bank, Feierabend, als ihr um die Ecke kamt.
Glück auf! Glück auf, echot es zurück.

Deutsche Reichsbahn
Bw Glauchau
Est
Gültig ab 01. Juni 1986

Trieb-fahr-zeug Umlauf 6 *) Dienstplan-Nr. 8 *)

Triebfahrzeugbedarf: 2 Triebfahrzeuge der Baureihe: 50.3
davon für Zugdienst: 2 , Rgd: — , Bereitschaft: —
Personalbedarf: 8 Tfz-Führer und 8 Heizer/Beimänner
davon für Zugdienst: 8 / 8 Rgd: — / — Bereitschaft: — / —

Zeichen	Bedeutung	Zeichen	Bedeutung	Kürzel	Bedeutung
▬▬	Zugdienst	XXXXXX	Reisezeit für Fahrgastfahrt	VL	Vorspannlok
▭	Rangierdienst	— —|— —	Vorbereitungs- u. Abschlußdienst mit Angabe von Beginn u. Ende	SL	Schiebelok
ΛΛΛΛΛ	Bereitschaftsdienst	— —| |_ —	Beginn u. Ende der Ruhe außerhalb des Heimatortes bzw. der Arbeitspause	Vlz	Leerfahrt an Zugspitze
OOOOOO	Leerfahrt (Lz)			Slz	Leerfahrt am Zugschluß
⊏⊐⊏⊐	Vorheizen mit Zuglok			Zlz	Leerfahrt als 2. Tfz an Zugspitze

Behandlungsarten: Zur Kennzeichnung der Behandlung und Wartung der Tfz sind die Kennzeichen gemäß Anhang V der DV 938 zu verwenden.

Tag | 0 1 2 3 4 5 6 7 8 9 10 11 12 13 14 15 16 17 18 19 20 21 22 23 24 | Tag

Triebfahrzeug-Umlauf

Triebfahrzeug-Dienstplan

▲ *Ein solcher Umlaufplan visualisiert überblicksmäßig die Einsätze eines Betriebswerkes, aufgestellt für ein halbes Jahr mit allen Zeiten, Orten, Zugnummern usw. Er ist die Grundlage für den persönlichen Dienstplan der jeweiligen Personale. Hiervon hatte man sich oft die Dienste abzuschreiben, Kopien gab es nur selten.*

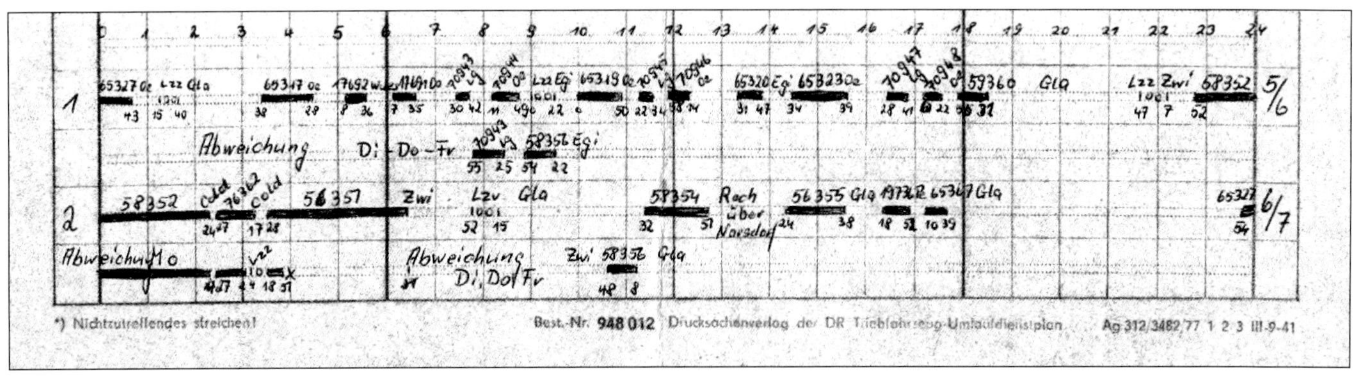

▲ *Eigens für mich hatte Klaus sich hier die Mühe gemacht, die wichtigsten Glauchauer Dampfleistungen in sorgsamer Kleinst- und Handarbeit abzuschreiben.*

Och, heute mal wieder den Filius dabei, wenn der Vater mit dem Sohne ... Dann wird noch ein bisschen gefrotzelt über dies und das und diesen und jenen, gibt's was besonderes bei der Maschine, nein, alles einwandfrei, und dann klettert ihr auf den Führerstand eurer Lok, die heute in Gleis 3 steht, verstaut die abgewetzte Ledertasche mit der Bemmenbüchse an der Tenderrückwand und macht euch ans Werk: Frank prüft Wasserstand und Kesseldruck, wirft einen Blick durch die Feuerluke, haut 'ne Schippe drauf, bräunlicher Qualm wälzt sich aus dem Schlot, gut. Dann schnappt er sich die Ölkanne und versorgt die Schmierstellen mit ausreichend Mineralöl, auch für ein paar Schönheitsarbeiten mit dem Putzlappen ist noch Zeit, schließlich hat ein Dampfeisenbahner auch seinen Stolz. Du wolltest ja unbedingt auf Dampf fahren, hättest ja weiter als Schlosser in der Werkstatt bleiben können, war doch viel bequemer, und Heizer brauchte das Bw Glauchau sowieso nicht mehr viele, bei zwei eingesetzten Maschinen pro Tag. Eisenbahner wolltest du immer schon werden, hast die Luft doch schon von Kindheit her geatmet, und jetzt, am Ende der Dampfzeit, hast du wohl den Ruf gehört, den Lockruf des Dampfes. Also hast du es dir nicht nehmen lassen, wenigstens noch die Heizerausbildung zu machen. Am 1. Februar 1985 war dein erster Tag auf der Lok, es war die 50 3697, der Eckhart, Micha nahm dich unter seine Fittiche. Bis zum Dampfaus in Glauchau und sogar noch ein wenig darüber hinaus hast du die alten Rußschleudern genossen, wenn auch der krümelige „Kosakenkies" dir die Arbeit nicht leicht machte, hast auch uns Dampfjunkies mit so mancher passend aufgelegten Schippe erfreut. Am schönsten war es, wenn ihr, wie heute, gemeinsam Dienst tatet, keine alltägliche Kombination, und schon gar nicht auf Dampf. Das Bild in Lugau spricht Bände. Deine Frau hast du dir natürlich auch bei der Eisenbahn gesucht, hattest ja in Oelsnitz oftmals Zeit für einen Klönschnack mit der hübschen Aufsicht. Später hatte Katrin auf dem Stellwerk zu tun und beendete ihren Eisenbahndienst auf demselben in Neuoelsnitz nach der Wende, die Strecke wurde stillgelegt, die Güter rollten ja jetzt über die Straße.

◀ *Familienfoto, der Ball für den Pausensport liegt bereit für die beiden Fußballer (den einen ehemaligen). Wenn Vater und Sohn so zusammenarbeiten, die gleichen Erfahrungen machen, die Arbeit kennen, dann verbindet das in besonderer Weise. Gegenseitige Achtung ergibt sich durch den schlichten Umgang mit derselben Maschine, Arbeit an derselben Aufgabe, man weiß, was der andere leistet. Es gibt allenfalls Meinungsverschiedenheiten über die letzten Fußballergebnisse oder das Essen in der Kantine, aber dampfloktechnisch hört der Sohn immer noch zu.*

Lugau, April 1986

▲ *50 3523 strebt bei Mitteloelsnitz mit der Übergabe 70939 nach Stollberg, dabei nahm man gleich einen ganzen Personenzug mit, sozusagen ein PmG, am Zugschluss läuft die 110er mit. 20. Dezember 1983 (Foto: Volker Fröhmer)*

So, die Bremsprobe erledigt, die Abfahrtszeit ist nahe, der Kesseldruck bewegt sich noch Richtung Maximum, er wird gebraucht. 860 Tonnen habt ihr am Haken und müsst die gut 10 Kilometer hinauf nach Oelsnitz, nicht weit, aber schwer, Fingerspitzengefühl am Regler und beim Dampfmachen sind gefragt. „Voata, geht löös, zwee Flüschl". Der alte Herr bestätigt „zwee Flüschl", Abfahrtspfiff, Steuerung liegt auf ganzer Füllung, eine Hand an der Bremse zum Lösen, die andere schiebt den Regler nach vorn, noch ein Stück, noch ein Stück, Zylinderhähne auf. Schwaden weißen Abdampfes quellen herauf, nehmen die Sicht für einen Moment, die Lok ruckt an, Kupplungshaken spannen sich, die Wagenschlange streckt sich polternd, und den Regler noch ein Stück weiter vor, der erste Stoß komprimierten Dampfes entweicht noch etwas gequält ins Freie, der zweite, der dritte schon deutlich lautstärker, die Fuhre ächzt und knarrt. Einen kleinen Ruck bekommt der Regler noch, dann nimmt der Meister die Steuerung schon etwas zurück, die Lok legt sich ins Zeug, ihr Auspuff wird entschiedener, trockener, ganz allmählich schneller, der Zug rollt. Nun kommt's drauf an, die 1:40 oder auch 25 Promille-Steigung bis Lichtenstein zu bewältigen, das heißt, die Strecke steigt also auf einer Länge von 400 Metern um 10 Meter an. Noch ein bisschen mehr, und es würde sich um eine Steilstrecke handeln. Heizer-Sohn schaut zum Glas (Wasserstandanzeiger), die schwankende Wassersäule zu deuten ist wahrlich Erfahrungssache, dreht das Handrad der Speisewasserpumpe, ein metallisch-gurgelndes Geräusch bestätigt das Einfließen von Wasser in den Kessel. Dann greift er zur Schaufel, zwei bis drei ordentliche Portionen fliegen gezielt in die Feuerbüchse, Vater öffnet die Feuertür genau im passenden Moment, fertig. Beide lehnen aus dem Fenster, Klaus ist konzentriert, hört auf jedes Geräusch, regelt die Steuerung nach, und noch ein bisschen mehr Dampf, nahe der Reibungsgrenze arbeitet sich die Maschine mit erheblichem Gebrüll bergauf.

„Die hom uns heut wieder een poor Ochsen (natürlich keine Viecher, sondern Achsen) mehr nanghängt", ruft er zum Heizer herüber.

„No glor, die stähn mol wieda nich uff`m Bremszeddl", bestätigt Frank und haut wie zur Bestätigung noch zwei Schaufeln rein. Der Zug ist heute also ziemlich schwer, schwerer als erlaubt, doch das ist zu schaffen. Aber was, wenn die Schienen weniger griffig wären, Herbstlaub oder Rauhreif die Haftung deutlich senken? Dann heißt es zusätzlich sanden und bloß nicht zum Stehen kommen. Doch heute ist alles gut. Das Einfahrtssignal von Lichtenstein kommt in Sicht, zeigt zwei Flügel, langsam einfahren, trotz der Last kein Problem, denn das meiste ist jetzt geschafft. Kurze Begrüßung Richtung Fahrdienstleiter, der vor seiner Bude steht, der Rangierer kuppelt schon die zwei ersten Wagen ab. Vorziehen und unter das Güterschuppendach rangieren, abkuppeln, wieder an den verbleibenden Zug heranfahren, ankuppeln, Bremsprobe, der Rangierer meldet alles in Ordnung, und schon zieht der Fdl die Ausfahrt, weiter geht's hinauf nach Oelsnitz. Hier bleiben die meisten Wagen stehen, der kurze Zug nach Lugau steht bereits auf dem Nebengleis bereit. Klaus läuft einmal mit dem Hammer um die Maschine, schaut das Triebwerk nach, prüft mit gezielten Schlägen auf Materialfehler und auf sicheren Halt des Gestänges, fühlt mit der Hand diese und jene Stelle auf Erwärmung, alles normal. Frank stochert derweil leise fluchend mit dem Schürhaken in der Feuerbüchse, die schlechte Kohle mit hohem Braunkohleanteil aus dem heimischen Bergbau verschlackt schnell und verhindert ausreichenden Luftzutritt, das Feuer brennt schlecht, zu wenig Dampf. Und wenn der Dampfdruck zu stark sinkt, kann der Injektor (Dampfstrahlpumpe) kein Wasser mehr fördern, und dann wird's ernst. Größere Brocken zusammengebackener Schlacke müssen zerschlagen werden, damit sie durch den Kipprost herausfallen können, eine schweißtreibende Angelegenheit.

▲ *Rangiergeschäft in Lichtenstein, ein paar Schnaufer noch, und die Fuhre steht wieder bereit zur Weiterfahrt.*
1. März 1986 (Foto: Peter Kristandt)

Schließlich geht es mit der kurzen Übergabe 70945 nach Lugau. Die knappe halbe Stunde Aufenthalt reicht dort für einen Kaffee in der Aufsichtsstube, erwartete und liebgewonnene Routine, die neuesten Nachrichten werden ausgetauscht, und man freut sich, dass ihr beiden Gesellen mal wieder als Gespann unterwegs seid. Inzwischen sind auch zwei Fotografen eingetroffen, die die Gelegenheit nutzen, euch von der Ladestraße aus abzulichten und ein fröhliches Pläuschchen zu halten. Danach verlassen sie euch und machen sich auf den Weg zum Sand, bis heute Abend, ist noch Bier da? Was sollen wir mitbringen ... Mit der Übergabe 70946 kullert ihr zurück nach Oelsnitz, es ist Viertel Eins, oder auch Viertel nach Zwölf, Mittagspause, Wassernehmen. Dann sind die restlichen Stullen dran, karges Mahl, aber es kommt auch schon mal eine Bockwurst dazu, auf dem Flansch des Wasserstandes erwärmt, oder auch ein Stück Wiegebraten, ein speziell gewürzter Fleischkäse, unglaublich lecker! Nach einer knappen Stunde spannt ihr an euren nächsten Zug, N 65320, langes End mit knapp 1000 Tonnen, aber es geht ja bergab. Nach einer guten Viertelstunde seid ihr schon wieder in St. Egidien, das war sozusagen der erste Teil eurer Tour um den Oelsnitzer Kirchturm. Die nächste Fuhre steht schon bereit, muss wieder mit Rangierunterbrechung hinauf bis Lugau, also abhängen, umfahren, anhängen, Bremsprobe, warten auf die Freigabe der Strecke. Wieder sind Fotografen zugegen, fast wundert ihr euch, wenn mal keiner da ist. Einer erdreistet sich sogar, die weißen Pufferringe wieder schwarz überzusprühen, weil es so originaler aussieht, ihr bleibt gelassen. Der N 65323 hat heute ein paar Wagen weniger, soll Frank recht sein, verbessert die Chance auf die Kohleprämie, bei der ersten Fuhre ging ja etwas mehr von der „Blumenerde" drauf. Für einen kurzen Plausch in der Aufsichtsstube ist noch Zeit, und da bekommt ihr dann eine schier unglaubliche Geschichte zu hören, die sich vor vielen Jahren hier in St. Egidien abspielte:

Fußballweltmeisterschaft

Es war Fußballweltmeisterschaft, Live-Übertragung um Mitternacht, Deutschland stand im Viertelfinale. Der letzte Personenzug kommt aus der Kreisstadt Stollberg herunter, die Lok kuppelt ab, setzt wieder vor an den Zug und schon springen die beiden von der Lok, „Anhängen und Bremsprobe machen wir nachher!", rennen zur Aufsicht hinein, zum eigentlichen Ort des Geschehens vor dem Fernseher. Warmer Kaffee stand bereit, und dann wurde erst mal Deutschland bei der WM angeschaut. Na ja, und da geht's nun drunter und drüber, großes Gejohle, und die Zeit vergeht wie im Fluge. Der letzte Pz des Tages musste aber noch in die sächsischen Berge, er hätte eigentlich längst rollen müssen. Der Fahrdienstleiter muss die beiden fast am Kragen packen: „Nun macht, dass ihr wegkommt, eure Abfahrtszeit ist da!". Die also raus, auf die Lok gesprungen, der Fahrdienstleiter gibt das Abfahrsignal mit der Kelle, und noch ehe der erste Auspuffschlag munter in die Nacht dröhnt, ist er schon wieder im Dienstraum verschwunden - Elfmeter für Deutschland!

Die beiden auf der Lok legen also mächtig los, es war ja schon etliche Minuten über die Zeit, kacheln am Stellwerk vorbei, ein kurzer Pfiff, und weg sind sie. Der Stellwerker reibt sich die Augen, greift hastig zum Hörer: „Was habt ihr denn jetzt abfahren lassen?!" „Na den Personenzug!" lautet die barsche Antwort, und der Stellwerker zurück: „Hier kam aber nur eene Lok vorbei!" Vermutlich zur gleichen Zeit schaut der Lokführer sich um: „Mensch, wo ist denn der Zug ?!"

Da war natürlich was los. Der Fahrdienstleiter raus, und da steht er, der Personenzug, ohne Lok. Drei einsame Fahrgäste schauen ungeduldig auf die Uhr, und in der Dunkelheit, in der eben noch der letzte „Personenzug" eilig entschwunden war, nähern sich die drei Lichter einer einzelnen Lok ... Was für eine Gaudi, das Lachen erschallt heute noch in der Amtsstube. Doch wer hätte nicht Verständnis für die beiden fußballbegeisterten Kollegen, mitten in der Nacht Dienst schieben zu müssen für eine Handvoll Fahrgäste ... und das bei einem so dramatischen Spiel. So gab es dann auch keine Meldung über eine Zuglaufstörung, denn dann wäre es ein bitteres Spiel geworden.

▲ *Schwarz-grauer Arbeitsalltag.*
St. Egidien, 22. April 1987
(Foto: Volker Fröhmer)

Nun ist es aber auch hier Zeit, pünktlich um 14.34 Uhr setzt ihr euch wieder in Bewegung, nächste Bergfahrt Richtung Oelsnitz und die nächste Übergabe 70947 nach Lugau. Da heute Montag ist, entfällt die Rückleistung nach Oelsnitz, also Lz hinab und mit dem Lgo 59360 (Leerzug aus offenen Güterwagen, ihr nanntet ihn „Badewanne" wegen der Wagenform) gen Heimat-Bw, planmäßige Ankunft gegen halb sieben. In St. Egidien müsst ihr noch mal auf die Seite, auf der Hauptstrecke ist noch ein Zug vorbeizulassen, dann aber zeigt der Flügel frei. Flott lässt Vater den Zug ins Tal der Mulde rollen, Sohnemann hängt die Nase in den Fahrtwind, das meiste ist für dich geschafft, morgen hast du frei, wir fahren die Gegend unsicher machen, auf Vaters qualmenden Spuren durchs Muldental. Abspannen in Glauchau, umfahren und ins Bw einrücken, KWFS (Kohle, Wasser, Feuer, Schlacke), Abölen, Abduschen und Abmelden in der Lokleitung, Lokdienstzettel unterschreiben, ab in den Kasten damit, ab nach Hause, Dienstende gegen 20.00 Uhr. 11 Stunden im Dienst, 12 Stunden auf den Beinen bis hierher, und morgen geht's auf die Mulde, 10.00 Uhr Dienstbeginn, Ende 19.50 Uhr, aber dann ist auch für dich, Klaus, ein Tag Ruhe. Wir treffen uns wie immer in der Küche, die bald wieder voll ist, fünf heißen Schwarzenberg, zwei nicht, fühlen sich aber schon fast so, sitzen eng um den Tisch herum, eine deftige Brotzeit vor uns, oder auch Rouladen, Klöße und Rotkohl. Hilde hat schon gegessen, sitzt in zweiter Reihe und fordert auf, ordentlich zuzulangen. Beim Bierchen gibt Klaus noch ein paar Geschichten zum Besten, das kann kaum einer besser, und ich bin bis heute einer seiner dankbarsten Zuhörer, wenn er in alten Zeiten nach Erinnerungen kramt, aus der dann so manche Perle auftaucht. Ich vermag leider nicht, den Sachsen auf's Papier zu bringen, es hätte das Lesen auch unnötig erschwert, wenngleich durchaus reizvoll gewesen – und übrigens: jede Ähnlichkeit mit noch lebenden Personen wäre rein zufällig.

Da war also z. B. diese kleine Gemeinheit ...

Eintrag ins Reparaturbuch

„Wir hatten damals einen Heizer, der uns fürchterlich auf die Nerven ging, weil er ständig quatschte und quatschte, sich überall einmischte und immer alles besser wusste. Mein Heizerkollege konnte das nicht mehr länger ertragen, und als er mal in einer ruhigen Minute auf der Lok in der Ecke saß, hat er sich das Reparaturbuch geschnappt und schrieb irgend etwas hinein. Zu jeder Lok gehörte solch ein Buch, und dort musste immer alles notiert werden, was die Personale an Mängeln feststellten und die Werkstatt dann zu reparieren hatte. Wenn die Arbeiten dann erledigt waren, wurde es im Buch quittiert.

Am nächsten Tag habe ich die Lok dann vom Auswaschen übernommen und sah im Reparaturbuch nach, ob auch alles in Ordnung war. Wenn alles abgezeichnet war, konnte man eben sicher sein, dass es auch tatsächlich gemacht worden ist. Wie ich also die vorgemerkten Aufträge der Reihe nach von oben nach unten durchgehe, steht da als letzter Punkt: Heizer Lappler am Kopf untersuchen! Und dahinter folgte dann der Eintrag der Werkstatt: Kopf neu gedichtet und Wasser aufgefüllt!

Noch Wochen danach haben wir gelacht, und der arme Lappler wusste von nichts, was für'n Kopf untersuchen und welches Wasser aufgefüllt? Irgendwann einmal muss es ihm jemand gesteckt haben, und seitdem fehlte die Seite im Reparaturbuch."

... oder diese ebenso wahre Begebenheit vor den Toren von Karl-Marx-Stadt ...

Halt vor dem Roten Stern

„Um Ausreden war der Meister nicht verlegen, und knauserig war er, besonders wenn es um die Kohleprämie ging. Deshalb wurde der Regler eingezogen und gerollt, wo es nur ging, und keine einzige Schaufel Kohle durfte umsonst in die Büchse wandern, alles in allem also sehr vorbildlich. Aber dann hatte es ihn doch erwischt: Die waren unterwegs von Wüstenbrand nach Chemnitz, die Strecke lag im Gefälle, aber um bis in den Hauptbahnhof rollen zu können, mussten sie schon ab Siegmar Schwung holen, und die Signale hatten natürlich frei zu zeigen. Na ja, und wie sie nun so in die Kurve rollten, in der Nacht, zeigte das Vorsignal ‚Halt erwarten'. Der Meister wurde schon unruhig. Rechts und links dichtes Buschwerk, in der langgezogenen Linkskurve war das Hauptsignal erst recht spät zu sehen. Er bremste also ab, um nicht am Signal zum Stehen zu kommen, die Anfahrt hätte ja wieder 'ne Schaufel gekostet. So sind sie dann ganz langsam gefahren, gerade eben noch gerollt. Und dann kam das Hauptsignal, das rote Licht. Sie hielten weit vorher an, um beim Auslösen der Bremsen mit wenig Dampf wieder ins Rollen zu kommen und den Rest Gefälle zum Schwungholen zu nutzen.

Aber dann dauerte und dauerte das. Der Heizer holte schon seine Bemmen raus und hat erst mal gemütlich gegessen. Es verging wohl eine halbe Stunde, aber es tat sich immer noch nichts. Und obwohl die Strecke eingleisig war, haben die gewartet und gewartet, sind auch nicht zum Fernsprecher gegangen und haben so die ganze Strecke blockiert.

Da kam endlich jemand mit einer Lampe angelaufen und rief ‚Kommen!' und winkte denen vorzufahren. Der Heizer meinte noch, da kommt jemand, der will was von uns, hat vielleicht einen schriftlichen Befehl zum Weiterfahren. Der Führer löste die Bremse aus und rollte langsam auf den Stellwerker zu, und wie sie nun weiter in die Kurve hineinfuhren ... ach du Schreck, da tauchte plötzlich ein grünes Licht auf, das Einfahrsignal! Aber was war denn das rote Licht vorhin? Und dann konnten sie es deutlich sehen, es war der leuchtende Sowjetstern des Fahrradwerkes Diamant. In den Bericht über die Zuglaufstörung schrieb der Meister später wahrheitsgemäß hinein, dass er Kohlen sparen wollte, denn die Kohleprämie konnte sogar höher sein als der Lohn, wenns gut lief, im wahrsten Sinne des Wortes …“

… oder aber diese dumm gelaufene wie wohl auch gut gemeinte Aktion eines Heizers, der endlich mal an den Regler wollte …

Am Regler vergriffen

„Es war in den 60er Jahren, da hatten wir noch die Altbau 58er, und jeder Güterzug nach Wüstenbrand wurde mit Schiebe gefahren. Die Zwickauer kamen also mit einer 44er runter, hatten über 1000 Tonnen am Haken, und da musste wie üblich die Schiebe angesetzt werden. Der Führer hinten auf der G Zwölwe wollte noch eben Zigaretten holen in der Mitropa, in der Zwischenzeit wurde Bremsprobe und alles durchgeführt. Weil die Strecke ja noch eingleisig war, musste das alles ruck zuck gehen, damit die Strecke wieder frei wurde. Als der nun vorne Ausfahrt kriegte, hat er gepfiffen, und das war das Zeichen für die Schiebe, dass es los ging. Doch der war noch gar nicht wieder da. Also will der Heizer seinem Führer pfeifen, und pfeift kurz, damit der vom Zigaretten holen wiederkommt. Aber das war natürlich das Zeichen für die Zwickauer vorne, dass es losgehen kann, und die legen so richtig los. Nun war der Heizer also hinten alleine drauf, und die Post ging ab hier. Als Heizer muss man aber unterschreiben, dass man sich nicht am Regler vergreift, das war ihm nicht erlaubt. Aber er hat es doch gemacht, wohl mit bester Absicht, aber leider eben verboten. Er hätte einfach stehen bleiben müssen. Der Lokführer kam dann mit dem Personenzug hinterhergefahren, und irgendwie kam die ganze Sache raus. Weißt du, wie die dem Heizer auf die Schliche gekommen sind? Die haben den Zwickauer Lokführer gefragt, ob der Zug normal gefahren ist oder ob er einen Schwerlauf hatte. Und der hatte doch nun 1000 Tonnen und die Lok am Ende, also 1200 Tonnen, und das hätten die ja merken müssen, auch an der Fahrzeit. Der Lokführer wusste ja nicht, dass da hinten nur der Heizer drauf war. Und der Zwickauer sagte wahrheitsgemäß, der Zug sei normal gelaufen, und damit war der Heizer leider überführt.“

▲ *Abfahrtszeit ist gekommen, mit der Übergabe 70948 rollts gleich hinab nach Oelsnitz, von dort mit Lgo 59360, der Badewanne, offene Schüttgüterwagen, weiter hinab nach Glauchau, Feierabend für heute. Frank kommt noch zum Essen mit nach Hause, und nach ein paar Schnäpschen ist es dann aber wieder für alle gut, morgen ist Ruhe, d. h. wir sind wieder mit dem Benzinkarren unterwegs, denn es fahren ja noch Dampfloks …*

Lugau, April 1986

Die Wehmut ist der Spiegel des Glücks.

(Bettina von Arnim)

Abschied vor der Haustür

Er weiß, dass ich seit heute hier bin, es stand im Telegramm; erwartet er mich zu diesem Zug? Hat er überhaupt heute Dienst? Gähnend überprüfe ich Licht und Motiv, es ist Zeit, jetzt müsste er kommen. Aber es vergehen noch elend lange Minuten, bis endlich aus Richtung des Tales eindeutige Geräusche herüberschwappen. Mit der Kamera vor der Nase verengt sich mein Blickwinkel auf wenige Meter rechts und links der Schiene, für diesen Moment. Mit herrlicher Dampffahne schleppt die Lok ihre Last heran, ein Kopf ragt aus dem Führerstand, er könnte es sein. An dieser Stelle müsste er mich sehen, ich winke mit ausgestrecktem Arm, noch einmal. Und dann stößt fetter Qualm aus dem Schlot, noch rechtzeitig, den Regler noch ein wenig weiter auf, das Motiv ist perfekt. Treibstangen wirbeln an mir vorbei, für einen Augenblick stehe ich im muffigen Dampf. Über mir die ausgestreckte Hand zum Gruß, er ist es, ein Pfiff hallt durch den Morgen. Danke für diese überaus freundliche Begrüßung, Meister! Aber wen hast du denn da noch auf der Lok? Ist das nicht ... der zweite Kopf erscheint auf der rechten Seite über der Tür, tatsächlich, der Filius, heizt heute wieder einmal seinem Vater kräftig ein. Wenn der Vater mit dem Sohne - sie sind eine Eisenbahnerfamilie geworden, das ist wahr, auch der Enkel kann kaum noch das Ende der Schule abwarten. Nur Hilde und Rainer, die arbeiten nicht bei der Bahn. Aber das nützt ihnen auch nicht viel, denn mit der Bahn bekommen sie es trotzdem zu tun. Und Hilde gibt nicht auf, die verschmutzten, rußig-öligen Hosen und Jacken ihrer beiden Dampflok-Männer wieder in Form zu bringen, um die Eisenbahn kommt sie nicht herum. Klagen? Natürlich, aber sie kannte das Herz ihrer Männer nur zu gut, was hätte es geholfen? Und sie weiß sich gegen derart geballten Männergeist durchzusetzen, ihre Meinung und Zustimmung bei wichtigen Entscheidungen war gefragt bis unausweichlich. Und dann komme ich auch noch zu Besuch, wie so oft spontan und in der Hoffnung, ihren Alltag nicht allzu sehr durcheinanderzubringen. Erstes Gesprächsthema ist dann die Eisenbahn, die Dampflok, wir sind in unserem Element, und sie sitzt und hört, und dann ist sie dran, und wir sitzen und hören.

Einen Augenblick schaue ich dem Zug noch nach, dann mache ich mich auf den Weg zum nächsten Standpunkt. Heute Abend werde ich dann das Gartentor öffnen, die Gardine bewegt sich, ja, ich bin wieder da. Nachrichten aus Ost und West werden ausgetauscht, ein paar Naturalien, Zeichen des Dankes für unkomplizierte, herzliche Gastfreundschaft. Klaus weiß, wer ein Lokschild zu verkaufen hat, und bald sind wir mittendrin in der Planung des kommenden Tages. Nur mühsam halte ich mich auf dem Stuhl, seit Jahren schon derselbe Platz. Der Likör schmeckt, macht aber nichts leichter, der Kopf beginnt zu brummen, Symptom einer ausgefallenen Nacht. Er hat morgen Dienst, auf der 50 3670, den Sand auf der Mulde. Angestrengt verfolge ich seine Vorschläge, wann und wo und wie oft dieses und jenes Foto gemacht werden kann, wie oft ich den Zug auf seinem Weg überholen kann, damit alle Chancen genutzt sind. Werde ich das morgen noch alles wissen? Ich muss! Dann ist Mitternacht durch, ich brauche ein Bett, Zapfenstreich, und es blieb wie immer noch vieles ungesagt, vielleicht morgen. Wir bereiten die Schlafliege, ich gehe noch einmal nach draußen, in die Kühle der Nacht, hocke mich auf die ausgewetzte Stufe.

Vertraute Wachen vor einer einfachen Haustür in einem sächsischen Eisenbahnerstädtchen weit ab der Heimat, und ich warte auf die Abfahrt des nächtlichen Güterzuges. Unter dem Nachthimmel atme ich im unvermeidlichen Braunkohlenhausbrand Geschichte, gerate in die Spuren, die bis hierher führten, Vergangenes wird wieder lebendig, mischt sich mit Dankbarkeit für Erlebtes, auch für Bewahrung. Mein Herz für die Dampflok brachte mich hierher, brachte uns zusammen und bereitete den Weg für ein langes, gemeinsames Stück Geschichte, randvoll gefülltes Leben, das lebendiger nur selten sonst war. Deutsche in Ost und West waren wir, aus zwei Generationen, weder verwandt noch verschwägert, fremd, und doch von Anfang an bemüht, das Verbindende unserer Persönlichkeiten und der Lebensumstände zu sehen. Respekt und Ehrlichkeit kristallisierten aus aller Verschiedenheit das Gemeinsame heraus, das die Unterschiede bis heute trägt.

▲ *Auf geht's Lz nach Zwickau in der Nachtschicht gegen 22.00 Uhr, dort sind die leeren Platten (der Leerzug für den Sand, Niederbordwagen) abzuholen und bis Colditz zu bringen, Lgo 58352. Ich schlendere durch die Dämmerung hinauf in die OdF, noch ein kurzer Plausch mit Hilde, die noch ein paar saure Bohnen hingestellt hat, und dann ab auf die Pritsche, warum sind die Tage immer nur so lang ...*

Glauchau, 50 3697, Juni 1986

Eigentlich wollten wir doch nur ein paar gute Fotos machen, und dann wieder ab in den Westen, ein Tauschgeschäft, nicht unüblich damals jenseits des Eisernen Vorhangs. Auf und an der Schiene kamen wir den Dampflok-Männern näher, dem Traum unserer Kindheit, schauten ihnen, meistens durch den Sucher, bei der Arbeit zu, auf dem Führerstand, bei der Alltagsroutine. Es entstand Verbindlichkeit, Vertrauen. Mit jeder Fahrt ins Traumland verschob sich unsere eindimensional-zweckorientierte Perspektive in eine Richtung, die letztlich von der Dampflok wegführte und die Menschen in den Vordergrund rückte. Nein, nicht dass die Dampflok zum Alibi verkommen wäre, aber sie wurde mehr und mehr eingebunden in einen Zusammenhang, der von den Menschen um sie herum nicht mehr zu trennen war. So machte ich lieber zum x-ten Male ein ähnliches Foto, genoss das Gefühl einer konzertierten Aktion zwischen Dampflok-Männern und Fotografen, als hunderte von Kilometern entfernt neue Motive und Lokomotiven aufzuspüren. Zwar blieb das nicht aus, aber dann zog es mich doch immer wieder buchstäblich in die alten Gleise zurück. Ich hatte etwas gefunden ... Hier ist Heimat in der Fremde, eine elementare Empfindung, die den Blick weitet für zukünftiges Denken und Handeln. Neugierig sich mit dem Fremden messen, sich einlassen auf das Unbekannte, als Ergänzung und Ausgang selbstkritischer Reflexion ... Perspektiven für die Zukunft – ohne Dampflok.

Baumelnde Seele, einfach der Nase nach, Trabi knattert vorbei, die Geräusche der nahen Bahn dringen herüber. Da endlich mischt sich der tiefe, satte Ton einer Dampfpfeife in die Stille der Nacht, die baldige Abfahrt des Zuges N 65327 hinauf in die sächsischen Berge kündigt sich an. Noch ist diese Situation faszinierend normal, aber die Gewissheit, dass dieses Jahr ohne Dampf zuende geht, lässt die Wehmut keimen. Wieder ein Abschied und das Gefühl, zu spät gekommen zu sein. Vorwürfe ins Nichts, und mit dem Abschied leben lernen.

Ich zünde eine letzte für heute an, Abfahrtspfiff, der erste Schlag, der nächste, verhalten noch, mit Mühe, aber unaufhaltsam, zielstrebig, hart, beginnt die menschlichste aller Maschinen ihren Weg. Scharfe Sinne tasten in die Nacht – *Hiiilf mal, Hiilf mal, Hilf mal, Hilf mal! Geht schon besser, geht schon besser, geht schon besser! Dankschön, dankschön, dankschön!*

Die Fuhre kommt in Bewegung, Wind bringt die Geräuschkulisse heran, trägt sie wieder davon. Zu meinen Füßen markiert mächtiger Auspuffdonner den Weg der schwer arbeitenden Maschine, die Dampfsäule ist Sache der Phantasie. Grenzlast, harte Arbeit zu unmöglicher Zeit, und dennoch möchte ich tauschen, für heute. In weitem Bogen entfernt sich scheppernd die Wagenschlange, ganz allmählich verliert sich das Keuchen des Dampfrosses, dann aber wieder von ferne für kurze Zeit unverwechselbar deutlich, verebbt schließlich zu einem Grummeln in der Tiefe der Nacht. Von weit her hallt ein letzter, dumpfer Pfiff, wie aus einer anderen Welt. Mir fällt eine Begebenheit ein, die Klaus vor Jahren erzählte und die von menschlichen Schwächen handelte, aber auch zeigte, wie schnell in diesem Beruf das Leben vieler auf dem Spiele steht.

Ich bringe mich mal als fiktiven Beobachter ins Spiel, aber das eigentliche Geschehen ist authentisch ...

Zement nach Zeitz – 5.30 Uhr nachts

Wie oft nutze ich die Nacht zur Heimreise, schlängele mich durch kurvige Landstraßen, löchrig, holprig, schmal, finster, durchfahre ausgestorbene Städte, auf die Grenze zu. Einen

▲ *Fertigmachen zur Abfahrt, in wenigen Minuten startet der N 65327 nach Oelsnitz, kurz vor Mitternacht. Was macht der Klaus denn da? Zieht der sich etwa weiße Handschuhe an? Früher sind Lokführer sogar im Anzug auf die Maschine gestiegen. Nun, die Zeiten sind vorbei, und deshalb sind es hier nur ein paar nagelneue Arbeitshandschuhe. Zwei, drei Tage, und man kann sie von ihren Vorgängern kaum noch unterscheiden. Dieser Zug markierte die Mitte der Nacht, und nicht immer schlief ich schon, hörte ihm zu, wie er nach „Ägidschen" raufmachte, und dann konnte das Sandmännchen kommen.*

Glauchau, Juni 1986

letzten Dampfzug könnte ich mir aber noch gönnen, sozusagen als Abschied, und biege ein Richtung Zeitz. Vorher kommt noch Haynsburg, und da müsste der Zementkesselzug mit der 58er bald durchfahren, Dampflok in der Nacht, ein besonderer Genuss.

Fröstelnd setze ich mich auf eine Bank, dort in der Dunkelheit müsste bald etwas zu hören sein, viel früher als tagsüber. Kalt ist es, gegen 5 Uhr morgens, Ende September. Nur 10 Minuten vergehen, und schon kriecht bleierne Müdigkeit in mir hoch, denn der letzte Tag zehrte schon an den Reserven. Endlich das entfernte Grummeln, noch zweideutig, dann schält sich aber die Typik heraus, der Zug keucht heran, wohl wieder mit erheblicher Last. Abrupt bricht der 3-Zylindertakt ab, die Ausfahrt zeigt immer noch Halt, der Zug rollt in das Ausweichgleis, quietschende Bremsen

▲ *Wegen Ausfall des 58354 kommt Klaus mir leider nur Lz entgegen auf dem Abschnitt zwischen Penig und Narsdorf, doch ersatzweise mit ordentlicher Rauchfahne. Dann kreischen die Bremsen, er kommt neben mir zum Stehen: „Glück auf, der Zug ist ausgefallen, wir machen alleene nach Rochlitz. Ingo, sag Hilde, es gibt heut Abend Pilze" und zeigt mir grinsend ein Glas mit eingelegten, das er in Penig von einem Eisenbahnerkollegen erstanden hat. Alles klar, wird gemacht, und schon verschwindet er wieder im Führerhaus, Regler vor, und weiter geht's bergauf. Manchmal kam mir das Ganze wie ein Spiel vor, doch das sah nur aus meiner niederen Perspektive so aus. Entscheidende Voraussetzung war die Souveränität der Männer da oben.*

Penig, 50 3666, Juni 1986

martern das Trommelfell. Unter dem Gepolter aufrollender Wagen kommt die Fuhre zum Stehen. Im Führerhaus hantieren die beiden Nachtarbeiter im flackernden Schein des Feuers, glühende Asche fällt durch den Rost aufs Gleis, dann wird es allmählich ruhig, nur das Zischen undichter Rohrleitungen dringt zu mir herüber. Es scheint zu dauern. Ein Gegenzug rollt durch. Eine halbe Stunde vergeht, und immer noch keine Ausfahrt, warum geht es denn nicht weiter? Zeitz nimmt den Zug nicht an, wer weiß, was da wieder los ist. Ich rutsche unruhig auf den kalten Brettern herum, eine seltsame Zeit, wenn die Mitte der Nacht durch ist, aber der Morgen noch nicht kommen will, wohl die stillste Zeit des Tages. Auf der Lok ist keine Bewegung mehr auszumachen, die schwache Führerhausbeleuchtung lässt kaum erkennen, dass Lokführer und Heizer auf ihren Schemeln eingenickt sind, der Biorhythmus hat sie eingeholt. Kein Zug, nichts, nur nächtliche Stille. Die nächste Bewegung sollte der D-Zug nach Berlin sein, aber bis dahin ist es fast noch eine Stunde. Na ja, ich werde dann schon wieder unterwegs sein, es wird Zeit, nach Hause zu kommen. Ich nicke ein.

Das Klappern eines Signalflügels holt mich wieder zurück in die kühle Nacht. Der Güterzug steht immer noch da, Blick auf die Uhr, kurz nach sechs, mittlerweile eine geschlagene Stunde! Der D-Zug hat Durchfahrt, dampfgeführt, das macht mich wieder wach. Aber was ist jetzt los? Auch auf der 58er wird es lebendig, Zylinderabdampf strömt in Mengen heraus, ein erster Auspuffschlag erschüttert die Nachtruhe. Ich reibe mir die Augen, sehe ich das richtig, oder ist das ein schlechter Traum? Da leuchtet ein grünes Licht, im fahlen Schein der Bahnhofsleuchten ragt ein Flügel nach oben, aber ... jetzt sehe ich klar, das ist das Signal vom Nachbargleis, da, wo gleich der D-Zug durchkommen müsste. Um Gottes Willen, wie können die das übersehen? Donnernd krachen die ersten Stöße ins Freie, auf dem Stellwerk wird ein Fenster aufgerissen, die Haltetafel herausgestreckt, zu spät. Die Lok fährt in die Schutzweiche, überrollt den morschen Prellbock, wühlt sich noch wenige Meter durch das Erdreich, die Wagenschlange kreischt und schiebt mit enormem Getöse, dann steht alles wieder, die Lok bedrohlich geneigt. Dann wütet auch schon der D-Zug heran, stürmt mit seiner langen Schlange erleuchteter Fenster an der Unglücksstelle vorbei, weg. Haben die überhaupt etwas gesehen?

Drei Mann stehen jetzt neben der Lok: Wie konnte das passieren?! Wahrhaftig, in deren Haut möchte ich jetzt nicht stecken, es wird einiges auf die beiden Unglücklichen zukommen. Vor allem aber werde ich hier jetzt nicht gebraucht.

Mit flauem Gefühl im Magen klemme ich mich hinters Steuer und mache mich aus dem Staub, die Müdigkeit ist längst allerhand Gedanken gewichen: Wie konnte das passieren? Seit Ankunft des Güterzuges war über eine Stunde vergangen, elend lange Zeit, in denen nichts zu tun war. Die beiden waren diese lange Pause hier vielleicht gewohnt, mussten wohl öfter den D-Zug abwarten, und hatten aus Gewohnheit die Zeit für einen Kurzschlaf genutzt, um 5 Uhr nachts kam ihnen die Natur weit entgegen. Mitunter waren Personale in ähnlichen Situationen sogar vom Stellwerker geweckt worden. Nach dem D-Zug, wusste man, ging es meistens weiter, dessen Durchfahrt war sozusagen das Zeichen zur Weiterfahrt. Und dann, ja und dann hatte das halbwache Auge die beiden Signale verwechselt, so abrupt aus dem Dämmerschlaf geholt, wie er auf so einem Schemel eben möglich ist.

Auch mich hatte die Müdigkeit besiegt, auf einer harten Bank in unangenehmer Kühle, nachts um 5 Uhr. Es könnte so gewesen sein ...

Ich verkrümele mich endgültig in die Falle, wohlwissend, dass dies ein Privileg ist; das Licht in der Küche ausgeknipst, ein Augenblick Nacht.

DER WECHSEL ALLEIN IST DAS BESTÄNDIGE.

(A. Schopenhauer)

Gott hat die Wehmut zu einer Art Vermittlerin zwischen dem Glück und dem Unglück, der Freude und dem Schmerz geschaffen.

(Friedrich Wilhelm Freiherr von Humboldt)

Der letzte Tag

Das zweite Examen ist endlich in der Tasche, drei Kreuze und bloß weg, endlich wieder los, übers Wochenende nach Sachsen, zu einem ganz besonderen Termin, den ich dort mit Herrn Schwarzenberg und zwei Damen habe, die 50 3519 und 50 3576 heißen. Ihnen kommt heute, es ist der 28. Mai 1988, eine besondere Ehre zu, wenn auch eine traurige: Es sind die letzten regulären Planleistungen des Bw Glauchau, die sie zu bespannen haben, ein letztes Mal die Oelsnitzer Kirchturmrunde und den Sand auf der Mulde. Klaus ist mit von der Partie, wie immer Punkt 10 Dienstbeginn in dieser Schicht, wird als letzter mit Heizer Gote nach Lichtenstein hinaufballern, mit dem N 65319 steht er bereits am Bahnsteig von St. Egidien. Etwas Maigrün an der Rauchkammer und die Kreideworte „Letzte Fahrt", darunter die Namen des abgelösten Personals „Schülke + Naumann" und das Datum. Auf den Puffertellern ein lachendes und ein weinendes Kreidegesicht, ein kleiner Scherz des Personals. Letztlich haben viele doch diese schwarzen Dampfkocher geliebt und freuen sich dennoch auf morgen, wenn sie auf den deutlich bequemeren Diesel- und E-Loks sitzen können. Vielleicht ist es aber auch eine kleine Gemeinheit gegenüber dem Fotografen aus Helmstedt, der die Puffer gerne schwarz gehabt hätte.

Es ist sehr warm, mir steckt die Nachtfahrt in den Gliedern, und ich soll heute Abschied nehmen, hab etwas weiche Knie. Und doch bin ich stolz und froh, an diesem Tag hier zu sein, dem Dampfroß das letzte Geleit zu geben. Ja, und der Sand wird heute auch noch einmal gefahren, war zwar schon Monate vorher nicht mehr der Fall, aber zur Feier des Tages … Zu meinem Erstaunen sind recht wenig Fotografen zugegen, sicher zum Sand auf der Mulde, ist mir nur recht. So recht glauben mochte ich allerdings nicht, dass dies die letzten Fahrten sein sollten, es war doch eigentlich alles wie sonst, vertraut und normal. Morgen würde hier keine Dampflok mehr stehen? Übermorgen auch nicht? Schluss und Ende? Nicht das erste Mal, dieser Abschied vom Dampf, doch immer wieder der gleiche bittersüße Blick in vergangene Zeit, schmerzhafter Hauch der Zukunft, der gleiche Kampf, sich abzufinden, die Endgültigkeit zu akzeptieren. Für heute aber bleibt wenig Zeit für Wehmut, denn das Programm ist dicht, zwar mit einer üppigen Mittagspause am Schuppen in Oelsnitz beim Restaurieren, aber dann steht ja noch der Sand auf dem Programm. So begleite ich also den letzten dampfbespannten N 65323, und die Sonne lacht. Wendezeit in Oelsnitz, Abschiedsbilder. Klaus und sein Heizer putzen die Lok noch einmal ausgiebig, auch der Wasserschlauch kommt zum Einsatz. Als stiller Beobachter - es ist jetzt niemand anderes mehr da als wir drei - nehme ich Abschied von einer unendlich genossenen Zeit. Acht Jahre Dampf in Glauchau und nicht einen Tag wollte ich missen. Wie wird es weitergehen? Wird es weitergehen? Was soll weitergehen, Dampf in Glauchau? Ich ertappe mich bei frühlingsheißen Illusionen, Hirngespinsten, Wunschträumen. Die Kessel werden heute Abend abgeheizt, das ist sicher, die Maschinen an den Rand gestellt, Ruhe ist. In zwei Wochen soll offiziell Abschied gefeiert werden, mit einem großen Fest auf dem Bw-Gelände, Dampfsonderfahrten aus allen Richtungen werden erwartet, und der Sand soll auch noch einmal fahren, und dies und das ... also, nur zwei Wochen, dann bin ich wieder da, dann dampft's wieder so richtig ... und dann?? ... und dann! ... und dann! Was soll das naive Gefrage, dann ist Schluss!

Von der Mulde kehre ich wieder nach St. Egidien zurück, dort steht P 19677 bereits abfahrbereit am Bahnsteig. Und wen sehe ich da? Den Frank! Der hat heute frei und lässt es sich nicht nehmen, seinem Vater mal wieder zur Hand zu gehen, heizt den Pz noch einmal bis Oelsnitz, in kurzer Hose und weißem T-Shirt, ein letztes Mal „planheizen“.

▶ *Einfahrt Lichtenstein, Glauchau hat nur noch eine Planlok, für den Oelsnitzer Umlauf, der Sand ging bereits mit der Frostperiode letzten Winter für die Dampfer verloren. Auch Rochlitz beendete den Dampfeinsatz im Februar. 50 3519, 3576 und 3670 verblieben dem Bw Glauchau betriebsfähig bis zum Dampfende. Mai 1988*

▶ *Klaus und Heizer Gote, am letzten Dampftag in St. Egidien vor dem letzten Pz nach Oelsnitz. Worüber freuen sie sich, über den wunderschönen Tag, der es war, oder über das Ende des schmutzigen Dampfes? Oder über das nahe Ende der Schicht? Für Klaus jedenfalls war es eine Ehre, diesen letzten Dienst zu tun.*

28. Mai 1988

▲ Es ist soweit, ein wichtiger Brief erreicht mich, Ansage des letzten Plantages des Bw Glauchau. Ob ich denn kommen wolle. Mit dem zweiten Examen in der Tasche sattle ich das altersschwache fossilgetriebene Ross und mache mich auf den Weg nach Osten. Eigentlich standen andere Termine an, aber ich hätt mir das nicht verziehen. Gut so. Eine halbe Stunde vor Abfahrt des N 65319 stelle ich die Karre erschöpft am Bahnsteig von St. Egidien ab. Klaus biegt auch gerade um die Ecke. Na, hast du's doch noch geschafft! Glück auf!
Die Rauchkammer zieren die Namen des Nachtschichtpersonals Schülke und Naumann, noch. Und außerdem hat ein Witzbold doch die Pufferteller verziert, was für ein Frevel! Klaus verzichtet auf seinen Namen vorne drauf, wenngleich er der definitiv letzte Planlokführer auf der Oelsnitzer Runde ist.

St. Egidien, 28. Mai 1988, 9.30 Uhr

▲ Eingehend wird das Puffergesicht betrachtet, ein lachendes und ein weinendes Gesicht, was soll das wohl bedeuten …

St. Egidien, 28. Mai 1988

◀ *Rangieren in Lichtenstein, ein letztes Mal unter Dampf unter das Schuppendach, welches es bei früheren Gelegenheiten schon mal ein wenig abgehoben hat.*

▶ *Lokpflege am Haus, Klaus muss mal eben seine Arbeit unterbrechen und für das historische Foto in Stellung gehen. Sie haben die Lok auf Hochglanz gebracht, so kann sie würdig ihren Ruhestand antreten. Einen Unruhestand, wie sich zeigen wird. Vier Jahre später wird sie zusammen mit 01 533, 44 661, 50 1002, 50 3506, 50 3689, 52 8003, 52 8096, 52 8124, 86 056 und 86 501 nach Österreich gefahren, wo sie noch bis 2005 unter Dampf steht.*
Oelsnitz, 28. Mai 1988

▲ *Der mittägliche Aufenthalt vor dem Oelsnitzer Lokschuppen wird selbstverständlich zur Lokpflege genutzt, heute sogar besonders gründlich. Du warst dir nie zu schade, auch mal selbst mit anzupacken*
Oelsnitz, 1988

▲ *Einen Abstecher ins Muldental mache ich schon noch, da fährt „zur Feier des Tages“ noch einmal der Sand, aber dann bin ich wieder bei euch, auf der letzten Kirchturmsrunde. Mit den letzten Zügen auf der Frontschürze steht ihr abfahrbereit mit dem letzten dampfbespannten regulären Personenzug der RBD Dresden am Hausbahnsteig von St. Egidien. Und wieder hat die Maschine weiße Pufferringe!*

St. Egidien, 28. Mai 1988

◄ *Lokparade am 10. Juni im Bw Glauchau, 50 3576, 58 3047 und 86 1333, gerade mit dem Pz aus Rochlitz eingetroffen, weiter links stehen noch 50 3519 und 3670, alles unter Dampf. Am Vorabend des großen Festes herrschte betriebsame Stimmung, doch ließen sich Szenerien wie „damals“ einfangen. Der Betrachter mochte kaum glauben, dass dies nur der Anfang vom Ende war, das letzte Aufgebot.*

Schöne Tage -
nicht weinen,
dass sie vergangen,
sondern lächeln,
dass sie gewesen.

(Rabindranath Tagore)

Dampfabschied

1987 und 1988, an allen Ecken und Enden der Reichsbahn-Republik wird Abschied genommen vom Dampf, gefeiert, letzte Planleistungen erbracht, zunächst in Kamenz, Wittenberge, Brandenburg und Zwickau, dann in Berlin, Bautzen, Leipzig und ... Glauchau, in dieser Reihenfolge. Am 11. und 12. Juni, Tag des Eisenbahners, bin ich also wieder am zentralen Ort meiner Leidenschaft, die RBD Dresden wird dampffrei. Zu Hause mussten dafür allerdings diverse mehr oder minder wichtige Verpflichtungen ausfallen, was nicht ganz ohne Komplikationen abging, doch diesen Termin wollte ich mir einfach nicht nehmen lassen, und es war richtig so. Am Vortag gab es bereits zwei Planleistungen, die 58 3047 machte ihre Probefahrt vor dem Sand 56355 und die 86 1333 wurde zwecks Überführung nach Glauchau gleich dem P 19739 vorgespannt. Am Abend stehen sie dann mit den „Fufftzschern" 3519, 3576 und 3670 einträchtig nebeneinander, Bilder wie zu besseren Zeiten, Bilder, die Hoffnung machten, und doch war es Dampfes Schwanengesang. Lange noch trieb ich mich mit Rainer im Bw herum, saßen hier und standen dort, sahen Klaus bei der Arbeit zu, fragten nach diesen und jenen Einzelheiten die anstehenden Feierlichkeiten betreffend. Bei Einbruch der Dunkelheit trollten wir uns die OdF den Berg hinauf, vereinzelte Pfiffe hallten uns hinterher, Spannung lag in der Luft, morgen und übermorgen sollte noch einmal ein attraktives Dampfprogramm geboten werden. In der Stube, unserem „Hauptquartier", sprechen wir noch einmal alle Einzelheiten für morgen durch, Klaus hat mit dem Stellwerker vom Stw1 gesprochen, ich kann mich bei ihm melden und aus der „Loge" fotografieren, wenn die Züge hereinkommen, Klasse! Er hat Dienst im Bw, Frank auch, und ich werde mit Rainer unterwegs sein, die Zeiten werden durchgerechnet, die Orte festgelegt, jetzt fehlt nur noch das Wetter ...

Der Blick durch die Gardine ist eine Enttäuschung, die Wolken hängen tief, es regnet, Trauerflor. 58 3047 rollt mit 50 1849 am Ende von Zwickau nach Altenburg durch Crimmitschau, der Sand mit 50 3670 kämpft sich durch neblig-trübe Landschaft, 03 001 und 01 137 laufen mit ihrem Sonderzug aus Dresden in Glauchau ein, 50 3670 fährt den P 19740 nach Rochlitz, Paralleleinfahrt des Zwickauer Sonderzuges mit 58 3047 und 50 1849 aus Richtung Muldental und des Dresdener Zuges mit 38 205 und 86 049, von unzähligen Dampflokpfeifen begrüßt, kurz darauf läuft der letzte Sand in Glauchau ein, und immer wieder ein Pfeifkonzert aller im Bw stehenden Lokomotiven, beeindruckend, und berührend, es wird einem ganz bang ums Herz. Vor dem Schuppen stehen nun allein 4 Loks der Baureihe 86, es ist nämlich auch ihr 60-jähriges Jubiläum. Wenn auch das Wetter mehr als bescheiden war, so hatte ich den nicht unerheblichen Trost, vom Stellwerk 1 aus die Zugeinfahrten beobachten zu können. Ganz nebenbei entstanden Tonaufnahmen der Telefonate des Stellwerkers, durchmischt mit allerhand Pfiffen und vorbeirollenden Zügen. Soweit zu

▲ *Die Einsatzstelle Oschersleben setzte die letzten Dampfloks der DR planmäßig ein. Vorhanden waren noch 50 3559, 3606 und 3662. Wegen Dampfmangels in diese Gegend gezwungen, musste ich erkennen, dass auch andere Mütter schöne Töchter haben ...*

Blumenberg, 50 3662, Mai 1988

diesem Tag. Am Sonntag sollte der Wettergott aber ein Einsehen haben. Frank heizt auf der 50 3576 bei den Führerstandsmitfahrten vom Bw zum Spinnstoffwerk, die 86er Parade im Sonnenlicht, die große Rede des Bw-Chefs, Menschenmassen verabschieden die letzte Planlok 50 3670, der Sonderzug nach Dresden mit 01 137 und 03 001 vorne sowie 38 205 und 86 049 hinten macht sich auf den Rückweg, viele Hände ziehen viele Dampfpfeifen. Gegen Abend fährt 86 1333 wieder nach Rochlitz, nicht ohne den P 19740 mitzunehmen. Auf der dortigen Drehscheibe wendet sie sich noch einmal bei schönem Abendlicht vor den Linsen vieler Fotografen, als wolle sie sagen, schaut mal, bin ich nicht schön? Keine Frage, und auch im Fernsehen tritt sie später sogar auf, ihr Leben währt noch lange, bis heute, wenn auch einige Organtransplantationen nötig waren, und sie kommt weit rum, durfte im südwestlichsten Zipfel Deutschlands Touristenzüge über eine der schönsten und spektakulärsten Schienenstrecken ziehen und ist heute wieder in ihrer alten Heimat bei bester Gesundheit anzutreffen.

Am Abend des 12. Juni 1988 kehrt Ruhe ein im Bw, die Männer erledigen letzte Arbeiten, ihre Frauen ebenso, die meisten Dampfrösser sind wieder gen Heimatdienststelle entschwunden, andere bleiben noch bis morgen. Dann werden auch 58 3047 nach Stollberg und 50 3519 nach Oelsnitz gefahren und abgestellt. Dienstag geht 50 3670 nach Werdau und wird dort Heizlok, 50 3576 wird in Glauchau abgestellt.

Ich mache mich nach diesem ehrenvollen Ende auf zum nächsten Abschied in der Magdeburger Börde. Halberstadt kann es noch nicht ganz sein lassen, genauer gesagt die Einsatzstelle Oschersleben, hier laufen noch zwei Loks, 50 3559 und 50 3606, die sich die letzten planmäßigen Dampfzugleistungen nach Halberstadt, Magdeburg und an die innerdeutsche Grenze nach Gunsleben teilen. Am 29.10.1988 fährt hier der Abschiedszug und besiegelt das endgültige offizielle Ende des

▲ *Was macht man jetzt, so ohne Dampfer? Endlich Zeit für die Dinge, die sonst immer am Rande liegen blieben, ganz zu unrecht. Frank macht den Vorschlag, nach Oelsnitz zu fahren, seine noch ganz frische Freundin Katrin hatte am Tag nach Dampfende dort die Bahnhofsaufsicht. Ja, und die fragt mich dann, ob ich mir nicht einmal die alte Signal- und Stellwerkstechnik ansehen möchte. Na klar, ihr Kollege im Stellwerk ließ mich alles inspizieren. Dann gings aber weiter Richtung Oberwiesenthal, Dampf muss sein, nun rückte also die Schmalspur in den Blick.*

Oelsnitz, Mai 1988

Dampfbetriebes bei der Deutschen Reichsbahn der DDR, fast genau 11 Jahre nach der Schwester im Westen.

Nun ist also Schluss mit planmäßigem Einsatz von Dampflokomotiven. Aber nicht ganz Schluss mit Dampf. Die folgenden etwa 10 Jahre erlebe ich nicht als abruptes, sondern eher als allmähliches Stiller-Werden im Bw. Schon am 7. Oktober muss wieder eine Dampflok Ersatzdienst für ausgefallenen Diesel leisten, 50 3576 stand dafür noch zur Verfügung. Und auch im nächsten Jahr bespannt man noch drei Mal den Sand, diesmal mit 50 3696, bis diese Lok am 24.4.1990 die endgültig letzte Planleistung erbringt.
Am 3. August 1989 bereitet Klaus die 50 3696 für die Fahrt nach Markersbach vor, überführt die Lok nach Annaberg. 100 Jahre Eisenbahn Annaberg-Buchholz - Schwarzenberg waren zu feiern, sage und schreibe neun Tage lang, vom 5. bis zum 13. August. Klaus hatte mit seiner 50er die Aufgabe, Lokmitfahrten auf die berühmte Brücke durchzuführen, die wohl noch nie in ihrer Geschichte so viel Überfahrten in so kurzer Zeit sah. Wer bis dahin noch kein Foto hatte, konnte das jetzt ausführlich nachholen. Abends ging's zurück nach Annaberg, Lokpflege und Übernachtung. Unvergessliche Tage für ihn und seine Mannschaft. Da wurden die alten Dampfzeiten wieder lebendig, Eisenbahnergarn gesponnen und sich an kollegialer Zusammenarbeit gefreut. Das Bier aus der nahe gelegenen Brauerei Fiedler in Oberscheibe wurde vom Chef höchstpersönlich geliefert, natürlich „Dampflokbier“. Noch heute braut

▲ *Zwecks Überführung nach Glauchau zum Abschiedsfest nutzte man die Gelegenheit, die Rochlitzer 86 1333 vor einen planmäßigen Personenzug zu spannen, der am späten Nachmittag durch das Muldental rollte.*

Göhren, 10. Juni 1988

▲ *Die Museumslok 58 3047 darf als Probefahrt nach der Ausbesserung den Sandzug 56355 befördern, am Tag vor dem großen Abschiedsfestwochenende in Glauchau, Tag des Eisenbahners.*
Waldenburg, 10. Juni 1988

▶ *Handbetrieb in Waldenburg. Dieser Übergang war wohl einer der letzten bei der DR, bei dem der Schrankenbaum noch direkt mit der Hand bewegt wurde, also ohne Kurbel und Seilzug. Ein Kuriosum, herrliche Eisenbahn.*
10. Juni 1988

Fiedler allerhand Sorten Bier, und eben auch dieses besondere „Dampflokbier“. Am Montag, den 14. August, kommen sie schließlich wieder zurück nach Glauchau, noch heute schwärmt Klaus von diesem einmaligen Ereignis. Übrigens war in Oberscheibe ein Sägewerk zu finden, das noch eine betriebsfähige Dampfmaschine von 1904 beherbergt, die man uns gerne bei einem spontanen Besuch im Vorjahr zeigte.

Im Jahr darauf habt ihr wieder vier Tage mit Dampf zu tun, diesmal geht's über Dresden zum Streckenjubiläum der Müglitztalbahn nach Altenberg, und sogar Frank ist diesmal mit von der Partie, gemeinsam schmirgelt ihr die engen Radien der Gebirgsbahn blank. Drei Tage im März 1992 hat Klaus noch für Filmaufnahmen eines bekannten Verlages mit 58 3047 zwischen Adorf und Bad Brambach zu tun, ebenfalls eine angenehme wie wohltuende Abwechslung im eintönigen Dieselalltag wie auch eine konzertierte, gelungene Aktion mit den Eisenbahnfilmern. Dann geht Klaus in Ruhestand.

Glauchau bleibt Anlaufstation für Dampfrösser auf Sonderfahrt, die Infrastruktur wird betriebsfähig gehalten. Das Geschehen auf dem Bw-Gelände wird in unregelmäßigen Abständen durch Dampfeinsätze bereichert, Sonderzüge werden gefahren und Dampflokfeste veranstaltet und besucht, wenn auch der Tag des Eisenbahners sich mit der Wende erledigt hat. Glauchau wird Museums-Bw mit alljährlichen Festen an einem Wochenende im September. Dann aber laufen Kesselfristen ab, Loks werden in den Westen

▲ *Leider spielte das Wetter am 11. Juni nicht mit, so dass der Abschiedssandzug im Nebel daherkam. Der nächste Tag war sonnig, der Sand fuhr wieder mit Dampf, doch ich blieb im Bw, beim Abschied dabei sein, die Rede des Bw-Chefs hören und auf Kassette aufnehmen, mit meinen Leuten diesen letzten Dampftag verbringen, und ließ die allerletzten sonnigen Plandampfzüge fahren …*

Bei Penna, 50 3670

verkauft. 50 3670 wird zunächst bis 1992 der Einsatzstelle Werdau als Heizlok zugeteilt, geht dann nach Österreich, ebenso wie 50 3519 im selben Jahr. Die letzte 50er, 50 3696, geht ein Jahr später auch in den Westen. 58 3047 bleibt noch bis 1998 betriebsfähig, ist immer mal wieder im Einsatz bei Plandampfaktionen, für Filmaufnahmen, bei Sonderfahrten und Jubiläumsterminen. Unter dem Dach des Bahnsozialwerks gründet sich 1992 der Förderverein „Interessengemeinschaft Traditionslokomotive 58 3047 e.V.“ Bereits 1994 wird Glauchau als Bw nicht mehr benötigt, es wird ruhiger, das Gelände verliert seine lebendige Atmosphäre, und wird schließlich seit 1998 nur noch von der 23 1097 hin und wieder belebt. 1996 erlebt das Gelände aber noch einmal einen regelrechten Dampflokauflauf beim Jubiläum 100 Jahre Gleisdreieck Zwickau-Werdau-Reichenbach, als in Glauchau nicht weniger als 5 Dampfloks versorgt werden, die 62 015, 89 6009, 03 001, 38 205 und eine 52.80.

Im Vereinsleben sind etliche Glauchauer Eisenbahner aktiv, neben Klaus ist das auch sein ehemaliger Lehrlokführer Günther Hölzl, mit dem er sechs Jahre zusammen gefahren ist, sie waren damals wie Brüder, teilten sogar die Bemmen miteinander, sind bis heute gute Freunde. Aber auch die Kollegen Ingo Falley, Gerold Röller, Rolf Naumann, um stellvertretend nur einige zu nennen, sind mit hohem Einsatz im Verein aktiv. Auch und besonders im Ruhestand helfen sie mit ihrem Sachverstand und ihrem Engagement die Lokomotiven betriebsfähig zu erhalten und zu pflegen. Insbesondere bei der Herrichtung der 23 1097 waren die „Alten“ noch unersetzlich, haben Rauchrohre rausgekloppt und wieder eingesetzt, eine kräftezehrende Arbeit, die aber eine erhebliche Ersparnis einbrachte, so dass die Maschine bald wieder ans Laufen kam. Doch die Zeiten ändern sich, auch die Anforderungen an einen Museumsbahnverein, die „Altvorderen“ ziehen sich Stück für Stück zurück, die „Jungen Wilden“ haben das Ruder übernommen. Bis 2001 ist Klaus noch aktiv, dann setzt er sich endgültig zur Ruhe. Bis dahin war er fast jeden Mittwoch im Bw seit seinem Dienstende 1992. Die Schließung des Fußgängertunnels für Eisenbahner vom Bahnhof ins Bw schon bald nach der Wende tat ihr übriges, er war eine sehr hilfreiche Abkürzung ins Bw.

▲ *Auch Klaus ist am Vorabend des Bw-Festes bei den Vorbereitungen aktiv, während Rainer und ich herumlungern und dem Treiben hier und da ein Bild abgewinnen., 86 049, 86 001, 94 1292, 50 3519, 50 3696, 52 8195, 58 3047 und 23 1113 sind anwesend, morgen werden 38 205, 75 515, 01 137, 50 2146, 58 3049, 98 261 und 86 1333 hinzukommen, und fast alles unter Dampf. Am Abend des 11. Juni steht Klaus in vollem Ornat mit der 50 3519 auf der Drehscheibe, eine Schar Fotografen nutzt die Stunde, da sich das Bw geleert hat. Heut ist fast alles erlaubt.*
Glauchau, Juni 1988

▲ *60 Jahre Baureihe 86, also holte man fast alle lauf- und betriebsfähigen 86er zusammen, 049, 333, 501 und 607. Am Sonntag kam die Sonne hervor, das Bw füllte sich zusehends, Menschen nahmen Abschied von einer Maschine, ist das normal? Frank „schrubbt" mit 50 3576 das Spinnstoffwerk rauf und runter, Führerstandsmitfahrten, und beantwortet geduldig oder humorig-launisch alle gestellten Fragen, es machte ihm sichtlich Spaß. Am Abend verlassen die angereisten Sonderzüge den Bahnhof, und zum Abschied ertönt ein herzzerreißendes Pfeifkonzert der Dampfmaschinen, Frank schreibt in sein Notizbuch: Ging durch Mark und Knochen ...*

12. Juni 1988

◄ *Führerstandsmitfarten beim Abschiedsfest, Frank durfte heizen. Im Gewühle auf dem Gelände kämpfe ich mich zur Lok vor, mache mich irgendwie bemerkbar, und schwups, schaut er auch schon heraus, Katrins hübsches Köpfchen erscheint gleich daneben, und klick. Schön.*

Glauchau, 12. Juni 1988

▲ *86 1333 mit P 19740 auf dem Rückweg nach Rochlitz, wo sie ihrer Tätigkeit als betriebsfähige Heizlok weiter nachgeht, bis zum nächsten Sondereinsatz. 14 Jahre später ist die Strecke komplett stillgelegt, aber vielleicht können wir ja bald die Rochsburg auf dem Bahnradweg erreichen ...*

Rochsburg, 12. Juni 1988

▶ *Präsentation einer Dampflok, im besten Abendlicht. Nach Ankunft in Rochlitz dreht die Maschine noch einige Runden für die zahlreichen Fotografen, sonnt sich in deren ungeteilter Aufmerksamkeit. Fast 30 Jahre später dampft sie immer noch, und würde man die Mulde endlich wieder in Betrieb nehmen, könnte sie heute wieder auf dieser Scheibe stehen.*

Rochlitz, 12. Juni 1988

Grenzüberschreitungen

In diesem Oktober ahnt niemand, dass nicht einmal ein Jahr später ein anderes, noch viel größeres Ende kommt, ein Ende, dem man nicht nachtrauert, das in großer Freude bejubelt wird und die Welt verändert. Aufmerksame Beobachter konnten aber schon erste Anzeichen einer Wendezeit bemerken, und doch war das Ziel noch eine Illusion. Da war z. B. die Rosa-Luxemburg-Demonstration im Januar 1988 in Ost-Berlin. „Freiheit ist immer auch Freiheit des Andersdenkenden" hieß es damals. Nach der anschließenden Verhaftungswelle entstand eine breite Solidarität mit den Inhaftierten, die Bilder des westlichen Fernsehens taten ihr übriges. Vier führende Oppositionelle von damals, Wolfgang Templin, Freya Klier, Markus Meckel und Reinhard Schult wurden plötzlich im ganzen Land bekannt. Sie und die Mahnwachenteilnehmer der Verhafteten werden zu Keimzellen bei den Demonstrationen 1989. Es gärte schon lange im Kessel, und die Geschichte bot den Menschen eine Chance, die sie mutig ergriffen haben.

Als Hilde am 9. November den Fernseher in der Stube anschaltete und Günter Schabowski auf dem Schirm erschien, dachte sie sich zunächst noch nichts dabei, was sollte der schon Wichtiges zu vermelden haben. Dann aber gibt es keinen Zweifel mehr: Die Grenze ist auf, die Grenze ist auf! ruft sie dem Klaus aufgeregt zu, der in der Küche gerade Kartoffeln schälte. Wie üblich bleibt der zunächst mal ganz ruhig, wer weiß, was die da wieder gehört hat. Aber sie hat sich nicht verhört, der Nachrichtensprecher bestätigt es wieder und immer wieder. Die Mauer ist gefallen, die Menschen stürmen die Grenzübergänge in Berlin. Klaus und Hilde waren gerade zwei Tage wieder daheim aus ihrem Urlaub im FDGB-Heim Friedrichroda. Sie hatten sich diese Zeit wieder einmal auf ihren Hochzeitstag gelegt. Während dieser Tage ging Seltsames im

DER STAATSDIENST
MUSS ZUM NUTZEN
DERER
GEFÜHRT WERDEN,
DIE IHM ANVERTRAUT
SIND, NICHT
ZUM NUTZEN
DERER,
DENEN ER
ANVERTRAUT IST.

(Marcus Tullius Cicero)

▲ *1988 gab es im Mai mehrere Sonderfahrten, ja sogar so etwas wie den ersten Plandampf. Neben 01 1531, 44 1093 kam auch 95 1027 zum Einsatz. Hier glänzt der Zug im Abendlicht in der modellbahngleichen Landschaft.*

▼ *Im Westauto unterwegs, Marke Ascona. In der heimischen Werkstatt stellte man fest, dass die Karre völlig schief war, in sich verdreht, eine Folge der östlichen Straßenverhältnisse und noch mehr der Fahrweise des Herrn Fröhmer. Der versteckt sich gerade vor dem Fotografen, ganz anders die beiden hier vorne. Eine Woche nach dem Tag des Eisenbahners lädt Glauchau zum großen Bw-Fest, auch anlässlich des 750 jährigen Stadtjubiläums, mit einer ganzen Reihe von dampfenden Maschinen, fast wie früher. Viele Fahrten mit dampfbespannten Sonder- und Planzügen, sogar der Güterzug nach Oelsnitz kriegt noch mal die 50 3519 davor, beleben die noch nicht so alten Erinnerungen, lassen vergangene Zeiten wieder erstehen. Die ersten Jahre nach der Wende bescherten der DR durchaus noch einiges an Arbeit, nicht zuletzt mit den Eisenbahnfans, die Züge charterten, Plandampf veranstalteten und nachholen wollten, was bisher kaum möglich war, und das alles zu noch einigermaßen erschwinglichen Preisen.*

Penig, 16. Juni 1990, Volker, Frank und Katrin (v.l.) warten auf den Sonderzug

Speisesaal vor sich. An den Seiten der Bühne hingen die großformatigen Portraits der Mitglieder des Politbüros, Erich Honecker, Harry Tisch, Egon Krenz, Erich Mielke, Günter Schabowski, und wie sie sonst so hießen. Während ihres Aufenthaltes in Friedrichroda fand vom 8. – 10. November die 10. Tagung des ZK (Zentralkomitees) der SED statt. Dort wurden die meisten langjährigen Mitglieder gegen neue Funktionäre ausgetauscht, auf dieser Sitzung rollten Köpfe wie nie zuvor. Vielleicht war das der Grund, warum jeden Tag zum Frühstück ein Portrait weniger an der Speisesaalwand hing und kopfüber auf dem Boden stand. Eine Botschaft an die noch Regierenden, doch bitte abzutreten und Platz für etwas ganz Neues zu machen. Grenzen wurden überschritten, und jedes Mal ging ein Raunen durch den Saal, wenn wieder ein Kopf gefallen war. Wer mag wohl dahinter stecken, wer traute sich das? Die Mauern in den Köpfen begannen zu bröckeln. Zwei Tage vor der Wende war die Atmosphäre im Land jedoch schon derart aufgeheizt, dass solche Aktionen ungesühnt blieben. Die mutigen Bildabhänger sollten recht behalten.

Im Wendejahr treibt es mich drei Mal in den Osten, und als ich am Altjahrsabend wieder in den nicht mehr ganz so freien Westen rolle, ebbt die Reisewelle erst ganz allmählich ab, ist der erste Hunger gestillt, aber die Freude noch hochaktiv, der Grenzübergang überwältigend einfach, die Grenzer entspannt, Zeitenwende, Wendezeiten.

Klaus holt sich mit seiner Schwiegertochter im Dezember in Hof sein Begrüßungsgeld ab, ein schönes wie unerwartetes Weihnachtsgeschenk.

▲ *Zwischen Niederschlag und Hammerunterwiesenthal gab es diese schöne Stelle, wenngleich die Folgen sauren Regens unübersehbar sind. Und dann fährt drüben auf der schon tschechischen Höhe noch der Triebwagen lang, dazwischen der Pöhlbach als Grenzverlauf. Eine Fahrt nach Oberwiesenthal gehörte nach Dampfende in Glauchau zum Standardprogramm eines Besuches, selbstverständlich nicht nur um der Zigaretten und des Schnapses willen.*

Fichtelbergbahn, 99 1789, 29. Mai 1988

▲ *Endlich hat er sie, die Rennpappe, überdachte Zündkerze, Gehhilfe, oder wie man das heutige Kultauto auch immer nannte. Stolz wie Oskar entwindet sich der Rainer dem lang ersehnten Gefährt, und dann machen wir erstmal eine Probefahrt, herrliches Gefühl, so im Kontakt mit der Straße und dem Motor, alles selbst reparabel, übersichtlich unter der Haube, kein unnötiger Schnickschnack.*

Die sozialistische Doktrin setzte den Individualverkehr ganz weit unten an in der Hierarchie der zu erreichenden Ziele. Der öffentliche Nahverkehr war gut ausgebaut, der Rest wurde zu Fuß oder mit dem Fahrrad erledigt. Die Geschichte des Trabi (VEB Sachsenring Zwickau) ist übrigens hochinteressant. Bis 1969 wurde er und vor allem der Wartburg sogar in Westdeutschland verkauft, wenn auch nur wenige. Danach wurde nur noch in andere Länder exportiert, auch im Westen, die letzten Trabis gingen in die Türkei. Die langen Wartezeiten waren im Wesentlichen den rückständigen Produktionsbedingungen geschuldet, weniger dem Devisenhunger der DDR, denn ganz viel an diesem Volksauto wurde noch mit Hand gefertigt.

Der Beschaffung von sogenannter Harter Währung diente auch der Geschenkedienst Genex. Über diese Organisation konnten Westbürger aus einem DDR-Produktkatalog Waren an DDR-Bürger verschenken, in West bezahlt natürlich. Dadurch entstand so etwas wie eine Zwei-Klassen-Gesellschaft, die mit und die ohne Westkontakte. Legt man sozialistische Werte wie Gleichheit und Brüderlichkeit (mit der Freiheit haperte es bekanntlich etwas) an die reale DDR-Welt an, wurden sofort die Widersprüche offenbar. Damit jedoch mussten die Menschen leben, eine Auflösung dieser paradoxen Umstände war unmöglich, es blieb nur der Weg über die Ironie und den Witz.

Glauchau, Straße der OdF, Juni 1990

▲ *Auf der Rückfahrt von O-thal müssen wir mal eben noch kurz anhalten, hier gibt's Westware vom fliegenden Händler, endlich die Bananen nicht mehr nur mit Vitamin B. Manche wussten die Gunst der Stunde zu nutzen, kauften drüben im Aldi ein und stellten sich dann auf den Marktplatz, oder sonst wo hin. Das funktionierte eine ganze Zeit, bis die ersten Discounter eröffneten oder auch der alte Konsum oder die HO endlich die lang ersehnten Luxusgüter erhielten. Wirklich glücklicher hat das wohl kaum jemanden gemacht, doch vieles wurde einfacher, die Schlangen kürzer, zumindest im Laufe der Zeit. Dann begann der Ausverkauf, die DDR wurde abgewickelt, gehörte auf den Müll der Geschichte, und dabei flog wohl manches weg, dessen Wert erst später erkannt wurde.*

Juni 1990

◀ *Der Grillmeister, die Roster auf dem selbstgebauten Grill, hinten in der Gartenecke, zwischen Nachbars und eigenem Schuppen, die Flasche Braustolz daneben. Und Hildes Kartoffelsalat, ein Hammer!*
Das alles ein absoluter Höhepunkt nach einem anstrengenden Tag auf Fotojagd, ich habe es geliebt. Von der Unterstadt dringen vereinzelte Pfiffe herauf, die Wurst duftet, das Bier schmeckt, das Paradies, einen Moment auf Erden. Wir quatschen viel dummes Zeug (Dumm tüch, westfälisch), nicht nur wegen des Bieres, lassen den Tag Revue passieren, fachsimpeln, planen für morgen, ein Bierchen geht noch …

Juni 1991

Rappelvolle Züge mussten sie in Kauf nehmen, aber das war es wohl wert. Hilde lässt sich Zeit, sie reist erst im April nächsten Jahres nach Berlin und empfängt auf dem Wittenbergplatz ihr Geld, aber da war das Begrüßungsgeld bereits abgeschafft und nur noch ein Tausch von 1:1 bzw. 1:5 möglich. Sie war nicht traurig darum, aber die Vorwürfe blieben natürlich nicht aus. Ob sie es bereut? Was sind schon 100,- D-Mark, die meisten gaben sie sowieso schnell wieder aus für die so lang entbehrten Konsumartikel. Dafür der ganze Aufwand, in überfüllten Zügen stundenlang durch die Gegend schippern und dann wieder Stunden anstehen an der Auszahlstelle. Nein, das musste sie sich nicht antun, da war sie ganz klar. Ihr war der ganze Rummel in dieser Zeit viel zu hektisch, nicht alle behielten da einen klaren Kopf. Und als die erste wirklich freie Wahl in der DDR stattfand, konnte sie die Begeisterung ihrer Kolleginnen, die alle CDU wählen würden, überhaupt nicht teilen. Wartet nur, ihr werdet euch noch wundern, sagte sie. Im Westen würden auch schon viele Webereien dichtgemacht, was wird da erst hier werden? Keine 10 Jahre später waren die meisten Palla-Arbeiter entlassen, auch die Nachfolger dieses einst größten Arbeitgebers in Glauchau (ca. 4000 – 5000 Beschäftigte) mussten Insolvenz anmelden.

Auch im Leben der Schwarzenbergs ändert sich einiges. Der Frank ist nun Lokführer und hobelt mit seiner 106 in Glauchau die Güterzüge zusammen oder fährt auf der Oelsnitzer Schiene rangieren und Übergaben nach Lugau. Bei den Einweisungsfahrten 1990 auf der BR 118 ist Vater sein Lehrlokführer an vielen Tagen. Zwei Jahre später geht Klaus in den Ruhestand, am 30. Juni 1992 endet offiziell seine Dienstzeit. Seinen letzten Dienst hat er schon am 22. Juni, und als er an diesem Tag von der Lok steigt und nach Hause geht, merkt niemand, dass es die letzte Abmeldung beim Lokleiter war. Der Rest des Monats sind Urlaub und Absetzer (Überstunden abfeiern). Kurz darauf werden alle Vorruheständler im Bw offiziell verabschiedet. Man hat den dienstältesten Eisenbahnern einen attraktiven Ausstieg angeboten, den nicht anzunehmen wohl töricht gewesen wäre. So beendet Klaus Schwarzenberg seinen 40-jährigen Dienst, überwiegend auf der Dampflok, mit der Überreichung der Papiere an jenem Tag. Es hätte ihm nichts ausgemacht, noch ein paar weitere Jahre zu bleiben, aber diese Gelegenheit gab es nur einmal. Nun ist Zeit für den Garten und das Kreuzworträtsel, und es war Zeit für Reisen. Auch Hilde nutzt die Vorruhestandsregelung und hat 1990 ihren letzten Arbeitstag, da ist sie 55. Beide haben das frühe Ende ihres Berufslebens nie bereut, das Geld reichte allemal, irgendeinen unterbezahlten Hilfsjob hatten sie zum Glück nicht nötig.

Rainer ist bereits stolzer Besitzer einer Rennpappe, ganz ohne Wartezeit, und nutzt die neu gewonnene Mobilität für Ausflüge nach Johanngeorgenstadt zum Vietnamesenmarkt oder nach Oberwiesenthal, wo wenige Meter jenseits des Pöhlbachs auf tschechischer Seite die Händler aller Couleur ihre Waren feilbieten. Solche Touren haben wir noch jahrelang auf dem Programm. Außerdem erkunden wir Gegenden im Erzgebirge, die bis dahin immer links liegen blieben, weil eben keine dampfende Schiene da war. Für seine Feuerwehr ebenso wie für seine Eltern wird die Pappe rege genutzt. Noch vor der Wende kann er für 4000,- Mark ein Exemplar, Baujahr 1968, ergattern, den Führerschein hatte er seit 88. Eine Fahrt im Trabi, wer hat das noch nicht erlebt? Nein, noch nicht?! Dann wird es aber Zeit, ein paar fahren noch rum. Aber auch diesseits der Grenzen gibt es bereits kurz nach der Wende Westware bei fliegenden Händlern, die mit ihren Verkaufsständen überall zu finden sind, manchmal wird direkt vom Wagen weg verkauft. 1993 gründet er Familie, bezieht mit Frau und Kind eine

Datsche vor den Toren Glauchaus, eine Wohnung in der Stadt war nicht zu bekommen. Zum Glück können sie dann doch vor Wintereinbruch in eine Feuerwehrwohnung ziehen, und dann kommen auch schon der Felix und der Florian.

Klaus bleibt noch einige Jahre aktiv, unterstützt die BSW-Gruppe zur Erhaltung der Museumsfahrzeuge und begleitet die Lokomotiven, wenn sie zu Jubiläumsveranstaltungen, Dampflokparaden und Sonderfahrten unterwegs sind. Dabei geht es auch in den Westen, z. B. mit dem ansehnlichen Lokzug am 20.9.1996 zum Tag des Lokomotivführers im Bw Köln-Deutzerfeld, bestehend aus 19 017, 38 1182, 52 8095, 50 3666, 89 6009, E 42 001, 143 027 und 120 286. Wir hatten uns in Bielefeld verabredet, da sollten sie durchkommen, nur der Zeitpunkt war unsicher, so eine langsame Fuhre war ja immer das letzte, was fahren durfte, nachdem alles andere durch war. Doch dann kam der Anruf, sie seien nun in Bielefeld, hätten dort längeren Aufenthalt. Ich schenke meinen Schülern die letzte Stunde, fahre nicht ganz vorschriftsmäßig nach Hause, packe die Kinder ins Auto und sehe zu, dass wir auf den Bahnsteig der ostwestfälischen Metropole kommen. Da steht dann das bunte Sammelsurium der Glauchauer und anderer Bw's, ein paar Gleise weiter. Klaus hat uns entdeckt, steigt von der Lok und quert die Gleise, rauf auf den Bahnsteig, die Sieben- und der Fünfjährige laufen ihm in die Arme, der Onkel Klaus ist da! Wir haben eine gute halbe Stunde, trinken in der Bahnhofsgaststätte einen heißen Kakao und müssen den Reisenden auch schon wieder verabschieden. Die Fuhre setzt sich behutsam in Bewegung, Klaus winkt, wir winken. Jetzt ist er schon wieder weg, der Klaus. Mir steckt ein Kloß im Hals, jetzt nur nicht sentimental werden, wir sehen uns ja wieder. Ja, jetzt ist er schon wieder weg ... Wann fahren wir denn das nächste Mal hin? Nicht mehr lange, dann sind wir wieder auf der Piste gen Glauchau, nicht mehr lange ...

Ich bin nicht mehr so oft in Glauchau, aber solange Klaus und Hilde sich noch reisefähig fühlen, sehen wir uns mal hüben und mal drüben, meine kleinen Kinder fühlen sich inzwischen auch schon wie zu Hause in der Dietrich-Bonhoeffer-Straße, wie sie nun heißt. Unsere Touren stehen nicht mehr ausschließlich im Focus der Dampflok. Wir erkunden die sächsische Kulturlandschaft, gehen ins Freibad, haben Zeit für Sehenswürdigkeiten und Märchenwälder, probieren die gemütlichen Gaststätten in der Umgebung aus. Manchmal sind wir aber doch noch an der Schiene, meistens der schmalspurigen. Klaus macht Filmaufnahmen mit der neuen Videokamera, die Kinder stehen gerne im Bild, auf einer Sommerwiese. In Mügeln dampft es schmalspurig noch planmäßig mit Güterzügen, und auch die verbleibenden Schmalspurbahnen hatten noch bis Mitte der 90er Jahre ihren Reiz, solange sie noch im ursprünglichen Farbkleid fuhren und Modernisierung, marktwirtschaftliches Denken und konsumtechnische Veränderungen dem nostalgischen Flair noch eine Gnadenfrist gewährten.

Mit der Wende ergaben sich ganz neue Möglichkeiten, so manch alte Struktur löste sich nach und nach auf, einige auch sofort, andere blieben bestehen, der Ton änderte sich, nun konnten Dinge ausgesprochen werden, die bis dato allenfalls hinter vorgehaltener Hand unter die Leute kamen. Die alltäglichen Abhängigkeiten verloren ihren lebensbestimmenden Charakter, die Sorge um das täglich Brot rückte in den Hintergrund, Pläne konnten endlich in die Tat umgesetzt werden, ja es erfüllten sich sogar Träume. Dass nicht alles gut wurde, was hätte gut werden können, liegt in der Natur der Sache, in der Natur grundlegender Umwälzungen in der Geschichte wie im individuellen Leben. Ein ganzer Staat war in Auflösung begriffen, der Ausverkauf des Tafelsilbers rief geldgierige Geschäftsleute und auch so manchen Normalbürger aus dem Westen auf den Plan, die alle auf ein Schnäppchen hofften, das ganze erinnerte an Leichenfledderei wenn nicht gar Plünderung. Der von der DDR-Führung mühsam aufrechterhaltene politische und wirtschaftliche Schein brach augenblicklich in sich zusammen, wie auch tatsächlich viele Immobilien zweifellos abbruchreif waren. Begrifflichkeiten hatten sich derart tief in den alltäglichen Sprachgebrauch eingegraben, dass manche bis heute damit so ihre Schwierigkeiten haben. Als die ersten Antragsteller ihre Stasi-Akte in Händen hielten, gab es unerwartete Überraschungen und zutiefst enttäuschende Erkenntnisse, und als die erste Euphorie über die neu gewonnene Freiheit der vernünftigen, realistischen Betrachtung der Situation gewichen war, zeigten sich erste Katererscheinungen. Breite Entlassungswellen ließen erneut Empörung aufkommen, man fühlte sich allein gelassen und ausgenutzt.

Für Klaus und Hilde kam die Wende genauso unerwartet wie für jeden anderen, doch sie blieben gelassen. Ihre Ansprüche an die neue Zeit waren wie sie selbst bescheiden, es würde sich zeigen, was das Leben noch bereithält und was ihre Gesundheit und Schaffenskraft noch zulassen würde. In der Ruhe liegt die Kraft, und so gingen sie die Dinge an. Da war z. B. der schon lange gehegte Wunsch, ein richtiges Bad zu haben. Das ließ sich machen, ein kleines Stückchen Flur wurde umfunktioniert, und die Wohnung war nun nach dem Bau des Hauses 1922 komplett. Das ehemalige Kinderzimmer wurde zur Wohnstube, ein paar neue Möbel dazu, die große Glasvitrine mit den H0-Modellen über der Anrichte. Ein Lamellenvorhang, hinter dem sich nun trefflich auf der neuen Ausziehcouch übernachten ließ, macht den Raum gelegentlich zum Gästezimmer. Ansonsten ändert sich wenig, lediglich die in die Jahre gekommene Eckbank wird noch erneuert. Sie hatte wahrlich ihren Dienst getan, als sie zusammenkrachte. Mit dem Ruhestand kam auch die Zeit für Reisen in alle Ecken ihres Heimatlandes, und das war natürlich ganz Deutschland, dahin, wo sie schon immer einmal hinwollten, an die Mosel, in den Schwarzwald und 1991 nach Wien, das war Hildes größter Wunsch, einmal mit dem Fiaker fahren ...

... und auch ins ostwestfälische Spenge. Sie waren gern gesehene Reisegäste, unkompliziert, aufgeschlossen, humorvoll.

Mit der Währungsunion schlug am 30. Juni 1990 die letzte Stunde der „Ostmark“, der Mark der DDR. Nun hatten wir alle Westgeld, wenn auch nicht in rauen Mengen, aber doch soviel, dass

◀ *Kinder wie die Orgelpfeifen, 3, 5, 7, 9 Jahre alt, Frank fragt nach Nichte Lisas Wünschen, aber die ist wohl satt, Jonas, bei Tante Hilde auf dem Schoß, will davon noch etwas, Stephanie, die Große von Rainer, und Anna-Lena, blondes Schwesterchen des Rothaarigen, bestreichen konzentriert ihren Toast, eine illustre Runde. Weitere Mütter und Väter und Opas sind gerade nicht zu sehen. Morgen müssen wir wieder heim, also esst euch satt, zuhause gibt's nichts mehr! Aber ja, natürlich machen wir an unserer Lieblingsstelle wieder eine ausgiebige Rast ... und wir kommen wieder!*

Glauchau, OdF, 19. Juli 1996

◀ *Dem Töchterchen scheint das alles nicht ganz geheuer zu sein, sie ist heute noch kein Eisenbahnfan. Eigentlich schade. Da hab ich wohl was falsch gemacht. Auch Klaus' gutes Zureden hat daran nichts geändert. In seiner Hand die „Exa Ia“, Spiegelreflex made in GDR, ein unverwüstliches Gerät, robuste, mechanische Technik, sie verließ dich nie … die Menschen schon.*

Mügeln, 21. August 1991

▼ *Klaus hat sich aufs Videografieren verlegt und erklärt den Kindern über den Dächern von Neudorf, wie das mit der Bahn hier so läuft. Anna-Lena schaut lieber in die Linse, oooh, dieser Papa mit seiner Eisenbahn …*

16. Juli 1997

▲ *Ohne Worte. Kuriose Warnung in Schlunzig, bei Glauchau. Jeder Bezug zum rechten Bild wäre rein zufällig.*

20. April 1995

einige Investitionen getätigt werden konnten. Zum Problem wurde eher der Arbeitsplatz, denn in kurzer Zeit war die DDR-Wirtschaft nicht mehr konkurrenzfähig und viele standen auf der Straße. Die Jüngeren wagten den Sprung in den goldenen Westen, die Älteren gingen in den Ruhestand oder waren auf staatliche Hilfe angewiesen. Das war zwar zu erwarten gewesen, aber wenn es dann den Einzelnen trifft, ist das doch wieder eine ganz andere Sache, viel Kritik wurde laut, sicher nicht immer zu Unrecht.

Sommertags sitzen wir oft in der Laube hinten im Garten, die Hollywoodschaukel wird hergerichtet, der selbstgebaute Grill entzündet und ein paar Flaschen kühles tschechisches Bier kommen auf den Tisch. Die Roster duften verführerisch, Hilde bringt ein paar Zutaten heran, unter anderem den berühmten schwarzenbergschen Kartoffelsalat, die Familie findet sich ein, alle brabbeln munter durcheinander, eine fröhliche Runde. Klaus gräbt mir eine Staude Liebstöckel aus, den soll ich morgen mitnehmen, ist gut für die Suppe. Rainer serviert die ersten Roster, wir stoßen an, auf uns. Über zehn Jahre kennen wir uns nun schon, haben Anteil genommen am Leben des anderen, Östliches und Westliches diskutiert, die Stasi links liegen gelassen, und die Genossen. Nun ist die Grenze weg, nichts steht mehr im Wege, wenn nicht wir selbst.

Der Tag neigt sich dem Ende zu, das Abendrot lässt den Himmel noch einmal erstrahlen, der späte Vogel kriecht in sein Nest. Dann ist es dunkel, wir kramen die Sachen zusammen und sind im Begriff, diese schöne Gartenecke Richtung Bettstatt zu verlassen, da dringt unvermittelt ein Ton aus der Unterstadt herauf, dessen unverwechselbare Typik uns sofort aufhorchen lässt, ein Dampflokpfiff. Klaus hebt bedeutungsvoll den Zeigefinger. Was mag das für ein Zug sein, welche Sonderfahrt geht noch in der Nacht durch Glauchau, oder ist es eine Überführung …? Dann können wir den Zug noch anfahren hören; wie früher, denke ich unwillkürlich, die Mitternachtsfuhre nach Oelsnitz macht sich auf den Weg. Für einen Augenblick kommt wieder diese Wehmut auf, die wohl nie ganz verschwinden wird.

▶ *Fachleute unter sich, Klaus mit Kollege Wolfgang Fischer („Othello“) aus Chemnitz, als die mal wieder zu Gast in Glauchau sind.*
Glauchau, 21. Juli 1996

▲ *Reges Treiben im Bw Glauchau im Jahre 8 nach Dampfende, atmosphärisch dicht, fast wie in alten Zeiten, die Dampfrösser stehen Schlange und lassen sich die Pflege gefallen.*

◀ *Ungemütlich war es, als die Glauchauer Mannschaft mit ihrer bunten Fuhre in Bielefeld Halt machte. Interessanterweise gibt es zwischen Glauchau und Bielefeld eine Städtefreundschaft, sowie zwischen dem Spenger Nachbarstädchen Enger und dem Glauchauer Nachbarstädtchen Lichtenstein/Sa eine Städtepartnerschaft. Letztere hat einen Werdegang, der Ähnlichkeiten zu der an die in diesem Buch erzählten Geschichte hat. Ein Engeraner Bürger hat Verwandtschaft in Lichtenstein, Kontakte vertiefen und erweitern sich, im November 1990 wird die Urkunde unterzeichnet. Bis heute bestehen intensive Beziehungen auf vielen Ebenen. Sicher kein Zufall … Übrigens, rechts hinter Klaus steht der Hölzel, Günther, sein Lehrlokführer und Freund.*

Bielefeld Hbf, 20. September 1996

▲ *Das Besuchsprogramm in Glauchau enthielt selbstverständlich immer verschiedene eisenbahnbezogene Anlaufstellen, z. B. Katrin aufsuchen in ihrem Stellwerk in Neuoelsnitz. Es gab dort nicht mehr viel zu tun, und so war Muße zu plaudern, soweit die turnenden Kinder das zuließen. Als der Güterverkehr 1996 endgültig eingestellt war und Ende 2003 der Abschnitt Lugau-Wüstenbrand stillgelegt wurde, hatte sich auch das Stellwerk erledigt. Katrin kommt noch nach Meerane und Zwickau, wo sie ihren Dienst mit der Annahme des Abfindungsangebotes der DB beendet und der Eisenbahn Ade sagt.*

28. April 2001

◀ *Die Veränderungen im Schwarzenbergschen Gartenareal stimmen traurig. Hier tut sich nicht mehr viel. Unter Bäumen saß man hier einst und genoss den Feierabend.*

Alles hat seine Zeit ... und unter dem Gotteszeichen geht das Leben weiter.

September 2015

◀ *Lokfahrschule Güstrow, Abschlussfoto nach einmonatiger Ausbildung in Sachen Dampf, obere Reihe, vierter von rechts, erkennen sie ihn?*

6. Februar 1975

▲ *Nachwuchs – in Glauchau kein Problem. Eisenbahn-Tradition liegt auch diesen jungen Männern am Herzen, oft Familientradition. Der oben links, der Florian, was dem Rainer seiner ist, der hat das ganz klar im Blut, und vielleicht macht er ja auch noch mal auf Dampf ... Glück auf!*

Bw Glauchau, 20. September 2015

▼ *Man kommt in Sachsen weit rum, sogar bis Amerika. Der dortige Haltepunkt an der Muldentalbahn war beliebtes Motiv der Dampflokjäger. Hier sehen wir einen amerikanischen Touristen, der es nicht mehr weit hat.*

Bis heute klappern wir immer mal wieder die Strecken ab, die uns so vertraut waren, registrieren den Wandel, der sich stetig ereignet. Ich kann es nicht lassen, das Vergangene mit dem Heute zu vergleichen, schmerzlich angesichts verkrauteter und birkenbewaldeter Gleise.

Arnsdorf, Juli 2000

Erinnerungsstücke aus östlicher Sicht

Da ich noch zu jener Generation gehöre, welche das blaue Pionierhalstuch mit einem gewissen Stolz getragen hat, machte ich mir auch deren 10 Gebote zu eigen. So lautete das vierte Gebot: „Wir Jungpioniere halten Freundschaft mit den Kindern der Sowjetunion und aller Länder." Da ich damals der russischen Sprache noch nicht kundig war, hielt ich also Freundschaft mit gleichaltrigen Jungs in der Bundesrepublik. Meine Mutter hatte bei einer Kettenbriefaktion in den frühen 1960er Jahren eine Freundin mit zwei Söhnen in Wiesloch gefunden. Nun, wir waren halt alle immer etwas neugierig, wie es denen da „drüben" so ging. Also wechselten ständig Karten und Briefe durch den „eisernen Vorhang" hin und her, und besonders die Grüße aus den für uns unerreichbaren Urlaubszielen waren eine Freude. Als positiven Nebeneffekt hatte der Postbote auch hin und wieder mal für die Familie ohne Westverwandschaft ein „Westpäckel" dabei. Schon beim Öffnen strömte uns der Duft des Westens entgegen. Was gab es da nicht für schöne Dinge: Kaffee, Schokolade, Datteln, Kaugummi und und und … Ganz unten im Karton dann das Beste: Comic-Hefte! So waren die Helden meiner Kindheit nicht nur die Digedags mit Ritter Runkel, sondern auch Micky Maus mit geistreichen Inflektiven und Fix und Foxi (das westliche Pendant von Fix und Fax?). Da die Brieffreundin meiner Mutter in einem Schuhgeschäft tätig war, lernte ich mit „Lurchi" Lesen und Schreiben und puzzelte den Basset-Hund von Hush Puppies mehrmals zusammen und auseinander. Mit solchen Heften ausgestattet konnte man sich in der polytechnischen Oberschule einen breiten Freundeskreis aufbauen oder noch besser: Comics austauschen. Natürlich ging das nur hinter dem Rücken des Lehrkörpers. Ich erinnere mich noch, dass ein Kind mit einem Micky-Maus-Motiv auf einem (West-) Nicki (T-Shirt gab es in unserer Sprache

Bereits in der 2. Klasse wurde uns mit den 10 Geboten der Jungpioniere der Freundschaftsgedanke nahe gebracht. Da ich mein Heimatkundeheft immer besonders schön gestaltet habe, gab es dafür von unserer Klassenlehrerin Frau Liebert ein „Sehr fleißig" nebst einer „Eins".

nicht) zum Umziehen nach Hause geschickt wurde. Hatte das Ami-Mäuschen etwa die DDR beleidigt? Dass das alles verboten war, weil sonst die kapitalistische Verblödung einsetzt, sollten wir bald bemerken. Der Zoll hatte nämlich das eine oder andere Paket geöffnet und die jugendgefährdenden Medien entsorgt. Als Begründung lag ein Zettelchen bei, auf dem es ganz einfach hieß: „Die Zeitschrift wird nicht auf der Liste des Postzeitungsvertriebes geführt". Jahre später ist von dieser Liste sogar der „Sputnik", das Digest unserer unverbrüchlichen sowjetischen Freundschaft, verschwunden. Da die Zollorgane auf unsere Päckel wohl nun ein Auge hatten, musste eine neue Schmuggeltaktik her. Das nächste Paket war etwas größer als sein Inhalt und demzufolge mit viel Papier ausgepolstert. Meine Mutter bügelte die zerknüllten Seiten wieder glatt und siehe da, für den Lesenachschub war gesorgt. Auch rutschten die im Westen abgelegten Hefte in Kartons mit doppeltem Boden besser durch die stets wachen Röntgenaugen des Hauptzollamtes Plauen. In einer Welt, in der der Zugang zu allen Medien selbstverständlich ist und dennoch oder gerade deshalb eine gewisse Informationsmüdigkeit herrscht, sollte man mal darüber nachdenken.

Von den geschmuggelten Comic-Heften aus der Bundesrepublik konnte ich mich bis heute nicht trennen. Der etwas abgegriffene Zustand zeugt vom damaligen Leseeifer unter uns Schulkindern.

Weil die Freundin meiner Mutter um 1970 in Österreich neu geheiratet hatte, wurde aus dem Ganzen nun eine deutsch-österreichische Freundschaft. Das machte vieles leichter, denn dieses Land wurde nicht als direkter „Klassenfeind“ der DDR angesehen. Da sich für uns 1972 die Grenzen zu Polen und der CSSR pass- und visumfrei öffneten, stand nun einem persönlichen Kennenlernen nichts mehr im Wege. Das geschah bei einem Wochenendaufenthalt in Ostrov nad Ohří im Hotel KRUŠNOHOR am Fuße des böhmischen Erzgebirges. Mein Vater und ich hatten zuvor per Simson-Roller „Schwalbe“ gängige Unterkünfte in Grenznähe abgeklappert. Schließlich kamen wir zum gewünschten Termin in der Neustadt von Schlackenwerth an der Eger (durften wir nicht sagen) unter. In Erinnerung habe ich noch einen Restaurantbesuch in Karlovy Vary/Karlsbad, zu welchen wir (dem Mindestumtausch sei Dank) eingeladen wurden. Für uns drei Jungs gab es Coca-Cola, Neuland für meinen Gaumen, denn bei uns kannten wir nur das Pendant mit „Vita“. Damals habe ich mich gewundert, warum man für ein solch scheußlich süßes Gesöff so viel Werbung macht. So schmeckte also der Westen? Jedenfalls ging dieses interessante Wochenende viel zu schnell zu Ende und für mich hieß die Geste der Freundschaft zum Abschied: Trikottausch. Denn leider funktionierte es per Paket nie an (getragene) Westklamotten heranzukommen, diese wurden aus „hygienischen“ Gründen vom Zoll beschlagnahmt. Nun, ich habe damals zumindest ein Nicki mit einem Rolls-Royce-Oldtimer drauf abgefasst. Und an der Grenze, in O-thal am „Neuen Haus“, hat das niemand interessiert. Allerdings konnte ich mich mit dem alten Briten auf der Brust nicht in unserer Schule sehen lassen, zumal von mir als Mitglied des Gruppenrates immer eine Vorbildwirkung erwartet wurde.

All diese Kindheitserlebnisse haben bei mir den Weg zu einem Weltbild ohne Hass und Hetze auf unser damals westliches Nachbarland, die Bundesrepublik Deutschland, und für Freundschaften in diese Richtung geebnet. Schließlich hieß auch unser Gruß in der Freien Deutschen Jugend (FDJ) „Freundschaft“. Die sogenannte „Rotlichtbestrahlung“ (politische Agitation) ging an mir wohl spurlos vorbei und mich hat auch nie die Partei bekehrt. Obwohl dies, aus heutiger Sicht, für die berufliche Karriere sicher besser gewesen wäre (Stichwort „Wendehälse“).

Für meine Eltern hat sich die Freundschaft, die in den 1960er Jahren mit Briefeschreiben begann,

Ausflug mit Peter Kristandt und meinen Eltern im Juli 1978 ins „Dampflokparadies" Saalfeld. Da ich damals nur eine „Simme" (Simson-Mokik S 50) zur Fortbewegung besaß, musste ich meinen Vater überzeugen, uns mit seinem Moskwitsch 408 zu chauffieren. Schade, dass ich damals nicht den Parkplatz im Hintergrund fotografiert habe, so ein schönes Oldtimertreffen. Lieber Peter, ich hätte mich sehr gefreut, dich noch einmal wiederzusehen, aber es hat nicht sollen sein.

bis heute erhalten. Aufgrund von Reiseerleichterungen gab es die ersten Besuche in Karl-Marx-Stadt schon Anfang der 1970er Jahre. Da die Einreise aus Österreich stets mit einem Schweizer Firmenwagen über Bad Schandau erfolgte, hielt sich, sehr zu unserer Freude, das „Filzen" in Grenzen. So gelangte damals reichlich bunt bedrucktes Papier in unsere ahnungslose kleine Welt.

Nachdem ich durch relativ gut bezahlte Ferienarbeit in der „Schraube" (ESKA - VEB Schraubenkombinat Karl-Marx-Stadt) das Geld für meine erste Spiegelreflexkamera Exa I a zusammen hatte, begann für mich 1976 das Hobby Eisenbahnfotografie. Aufgewachsen in der Nähe des Güterbahnhofes Karl-Marx-Stadt – Altendorf war das Reichsbahngelände für mich schon als Kind ein großer Abenteuerspielplatz. 1978 stieg ich auf die mittelformatige Six aus dem Hause Pentacon um, denn die fotografischen Ergebnisse der Exa stellten mich nicht zufrieden (Bewegungsunschärfe, da kürzeste Verschlusszeit 1/175 s). Die nahm dann mein Vater bei seinen Dienstreisen mit. Im

Mai 1978 kam es in Berlin-Lichtenberg zu einer Begegnung zwischen ihm und den beiden westdeutschen Eisenbahnfreunden Peter Kristandt und Ingo Thiele, welche mich bis in die Gegenwart beschäftigen sollte. Weitere Einzelheiten dieser Episode sind übrigens im Buch „Reichsbahn, Rucksack, Reisefieber" wiedergeben wie auch in meinem Buch „Reichsbahn, Ruß und Rollfilm". Ihnen ging es wie vielen anderen Fans aus der BRD zu jener Zeit. Nachdem dort die Dampfloks von den Schienen verbannt waren, entdeckten immer mehr Eisenbahnfreunde aus dem Westen den Reichsbahndampf, trotz Vorbehalten und Zwangsumtausch. Schließlich war die DDR auch das einzige Land im Ostblock, wo man seit 1973 auf dem Gelände, das „von jedem Bürger oder Reisenden betreten werden durfte", offiziell fotografieren durfte. So ist es kein Zufall, dass sich in jener Zeit Freundschaften zwischen Eisenbahnern und bundesdeutschen Fans oder zwischen Eisenbahnfreunden aus beiden deutschen Staaten entwickelten. Ob das nun von der Staatsmacht gern gesehen wurde, bleibt zu bezweifeln. Denn diese Verbindungen beäugte die Stasi misstrauisch. Auch der Briefverkehr mit Peter Kristandt wurde von Horch & Guck in meiner Akte gesammelt. Übrigens hat man sich die Mühe gemacht Fotos der Preßnitztalbahn zu kopieren, welche ich 1978 zu Peter nach Georgsmarienhütte geschickt hatte. Durch mich kannte der „Klassenfeind" nun auch ein solches „Staatsgeheimnis", nämlich dass in Steinbach am Wasserhaus alle Lokomotiven Wasser nehmen. Vielleicht hätten die Bonner Ultras irgendwann mal die Leitung verstopft. Dann habe ich mich auch als Zuträger für das Stationierungsverzeichnis für Eisenbahnfreunde betätigt, womit ich wohl endgültig das Misstrauen erweckt habe.

Ja, als DDR-Bürger musste man sich solche Freundschaften auch beruflich leisten können. Für Typen mit Parteiabzeichen und „wunden Fingernägeln" war das wohl nichts. Auch in meinem früheren Personalbogen hat sich diese Freundschaft wiedergefunden, Nachteile hatte ich übrigens dadurch nie. Wahrscheinlich ist mir deshalb sogar der NVA-Ehrendienst an der deutsch-deutschen Grenze erspart geblieben. Der Deutsche Modelleisenbahnverband der DDR, dessen Mitglied ich war, hat uns ab 1978 sogar das Tauschen mit dem „Westen" schmackhaft gemacht. Gestattete Tauschobjekte waren Fotos, Fachbücher und Modellbahnartikel, mit einem Wert pro Paketsendung bis 100,00 Mark. Man brauchte nur die Anschriften seiner Tauschpartner preiszugeben und bekam grüne und rote Marken zum Aufkleben.

Mit Mauerfall und Wende wurde schlagartig alles anders. Erst der Jubel über die deutsche Einheit, verbunden mit vielen Hoffnungen und Wünschen. Etwas später hatte jeder plötzlich seine eigenen Probleme. Genau zu meinem 30sten Geburtstag dann ein besonderes Präsent: die Kündigung des vertrauten Arbeitsplatzes. Dann anstellen vor dem Arbeitsamt, welches sich sinnigerweise in der „Parteisäge" hinter dem Chemnitzer „Nischel" befand, zum „Entwerten" der Biographie. Wer hatte da noch Lust auf Freundschaften in den Westen?

Irgendwann hat auch mich die Normalität wieder eingeholt und ich konnte mein Eisenbahnhobby in meine neue berufliche Tätigkeit einfließen lassen. Ja, und 1998 war ich dann endlich mal bei Peter in Georgsmarienhütte, genau 20 Jahre nach unserer ersten Begegnung.

Thomas Böttger

Nicht der Mensch hat am meisten gelebt, welcher die höchsten Jahre zählt, sondern derjenige, welcher sein Leben am meisten empfunden hat.

(Jean-Jacques Rousseau)

Die Diamantene Hochzeit war ein schönes Fest, Verwandte, Freunde, alle waren da, freuten sich miteinander und für die beiden, alte und neue Geschichten wurden in fröhlicher Runde zum Besten gegeben. Ein paar Minuten sitze ich alleine und schaue mir die bunte Gesellschaft an, Kinder, Enkelkinder, Kollegen, Verwandte, fast alle kenne ich mittlerweile. Sechzig Jahre sind sie verheiratet, eine stolze Leistung, haben sich unerschütterlich durchgebissen durch harte Zeiten und die schönen Zeiten genossen, sind bis heute Anlaufpunkt für jung und alt. Und dass auch ich nach wie vor und jederzeit herzlich willkommen bin, erfüllt mich mit stiller Freude.

Leider lässt sich eine wahrhafte Dankbarkeit mit Worten nicht ausdrücken.

(Johann Wolfgang von Goethe)

◀ *Na, und, haben wir alles richtig gemacht? Vieles Klaus, ganz Vieles!*
22. April 2003

◀ *Na, Ingo, bist du zufrieden? Ja, Hilde, bin ich, und mit dir hier Eis essen, das möchte ich noch lange.*
22. April 2003

Jeder, der sich die Fähigkeit erhält,
Schönes zu erkennen,
wird nie alt werden.

(Franz Kafka)

Oelsnitz, April 1986

Aus unserem Verlagssortiment

Text-Bildband
Bilder, Bahn und Brudervolk
Eisenbahnfotografie in der DDR und in "Freundesland"
Thomas Böttger
Als Nachfolgeband zu "Reichsbahn, Ruß und Rollfilm" liegt nun ein weiteres Buch zum Thema Eisenbahnfotografie in der DDR von Thomas Böttger vor. Diesmal geht es neben "Exkursionen" im DR-Gebiet auch um Erlebnisse in den "befreundeten Bruderländern".
Format 24 x 16 cm, 112 Seiten, 71 schwarz/weiß, 66 Farbfotos
Preis: 15,80 €
ISBN 978-3-937496-05-4

Text-Bildband
Mit schwarzem Blut und Spitzendruck
Volldampf bis zum letzten Tag
Jens-Uwe Paul
Die Publikation berichtet von den letzten Jahren des Dampflokeinsatzes rund um Leipzig aus der Sicht eines Lokführers. Authentische Fotoaufnahmen machen die visuelle Zeitreise perfekt.

Format 24 x 16 cm, 144 Seiten, 130 schwarz/weiß, 38 Farbfotos
Preis: 15,80 €
ISBN 978-3-937496-59-7

Text-Bildband
Entlang der Schiene von Chemnitz nach Wechselburg
Das Chemnitztal und seine Eisenbahn
Steffen Kluttig, Ronny Preußler, Achim Poller
Erst 1902 eröffnet, war die Chemnitztalbahn 97 Jahre in Betrieb. Im Jahre 1999 fuhr der letzte Zug durch das Tal und die Natur holte sich inzwischen die Trasse zurück. Dieser Band mit dem Reprint der Festschrift von 1902 soll an diese Strecke erinnern.
Format 16 x 24 cm, 160 Seiten, 125 s/w und 70 Farbfotos
Preis: 19,80 €
ISBN 978-3-9808250-2-3

Text-Bild-Band
Von Buchholz nach Schwarzenberg
mit der Eisenbahn durch Täler und über Höhen
Siegfried Bergelt
Dieser Band erschien zum 125jährigen Jubiläum dieser Gebirgsbahn. Erstmals wurde die Streckengeschichte in Form einer umfangreichen Publikation aufgearbeitet. Zahlreiche bisher unveröffentlichte Bilder ergänzen das Buch.
28,5 x 22,5 cm, 128 S., 111 s/w u. 160 Farbf., 22 hist. Ak, 17 Zeichn.
Preis: 24,50 €
ISBN 978-3-937496-65-8

Text-Bildband
Die Eisenbahn im Flöhatal
und ihre regelspurigen Zweigstrecken
Stephan Häupel
Die Flöhatalbahn verband seit 1875 die Industriestadt Chemnitz mit dem böhmischen Komotau auf kürzestem Wege. Weitere Eröffnungen von Streckenästen ließen ein kleines Bahnnetz entstehen. Heute wird der größte Teil noch von der Erzgebirgsbahn betrieben.
28,5 x 22,5 cm, 176 S., 114 s/w und 122 Farbf., 92 Zeichnungen
Preis: 29,80 €
ISBN 978-3-937496-08-5

Text-Bildband
LEIPZIG - RIESA - DRESDEN
Unterwegs an der ältesten Fernbahnstrecke Deutschlands
Thomas Böttger | Wolfgang Thomas
Das Buch entstand zum 175jährigen Streckenjubiläum. Neben der Geschichte und dem heutigen Erscheinungsbild der LDE wird auch die Kulturlandschaft entlang der Strecke vorgestellt – es ist Bildband und Sachbuch in einem.
Format 28,5 x 22,5 cm, 208 Seiten, 18 s/w und 452 Farbf., 37 Ak.
Preis: 29,80 €
ISBN 978-3-937496-27-6

Text-Bild-Band
Entlang der Sachsen-Franken-Magistrale
Die Eisenbahnstrecke Dresden - Werdau - Hof
Steffen Kluttig
Die Sachsen-Franken-Magistrale ist die bedeutendste Bahnstrecke im Freistaat. Erstmals gibt es nun eine umfangreiche Publikation über diese Linie. Dafür wurden bisher unbekannte historische Aufnahmen aus verschiedenen Archiven geborgen.
28,5 x 22,5 cm, 288 S., 240 s/w u. 419 Farbf., 92 hist. Ak, 19 Zeichn.
Preis: 34,80 €
ISBN 978-3-937496-69-6

Text-Bildband
Abgeknipst
Die komischsten, seltsamsten und erstaunlichsten Erlebnisse eines Schaffners
Heiko Schmidt
Der Autor hat in diesem Band seine kuriosesten Begebenheiten als Zugführer bei der Deutschen Reichsbahn bzw. DB AG zusammengetragen. Auch Urlaubserlebnisse bei den CSD gehören dazu.
Format 24 x 16 cm, 112 Seiten, 5 schwarz/weiß, 39 Farbfotos
Preis: 15,80 €
ISBN 978-3-937496-22-1

Text-Bildband
Anekdoten und Geschichten zur Müglitztalbahn
Heidenau - Altenberg
Stefan Müller
In diesem Band geht es um Episoden über die Müglitztalbahn von der Schmalspurzeit bis in die Gegenwart. Besondere Erwähnung finden dabei auch die Naturereignisse, wie Wintereinbruch und Hochwasser.

Format 24 x 16 cm, ca. 112 Seiten, zahlreiche s./w. und Farbfotos
Preis: 15,80 €
ISBN 978-3-937496-78-8

Bahn-Reiseführer
Auf Sachsens stählernen Spuren
Reiseziele für Bahnfreunde
Thomas Böttger
Sachsen gilt als das Bahnland schlechthin, deshalb gibt es gerade hier die größte Anzahl von bahntechnischen Sehenswürdigkeiten. Der Band gibt darüber eine umfassende Übersicht - vom Großstadtbahnhof über Museen und Modelle bis zum Einzeldenkmal.
Format 16 x 24 cm, 272 Seiten, 7 s/w und 450 Farbfotos, 25 Ak
Preis: 26,50 €
ISBN 978-3-937496-35-1

Text-Bildband
Schienenverbindungen zwischen Chemnitz und Leipzig
Die Eisenbahnstecken Kieritzsch - Chemnitz und Leipzig - Geithain
Steffen Kluttig
In diesem Band werden die beiden Strecken zwischen Chemnitz und Leipzig sowie ihre Zweigbahnen erstmals umfassend dargestellt. Aufwendig geborgene historische Aufnahmen aus Archiven und Museen geben dem Ganzen eine einmalige Note.
Format 28,5 x 22,5 cm, 192 Seiten, 120 s/w und 156 Farbfotos
Preis: 29,80 €
ISBN 978-3-937496-17-7

Text-Bildband
Die Müglitztalbahn Heidenau - Altenberg
Die Zeit der Schmalspur und der Normalspur
Bernd Kuhlmann
Nachdem um die Jahrtausendwende die letzte Publikation über die Müglitztalbahn erschienen ist, beschreibt nun dieser Band erstmals ausführlich die Zeit vor und nach dem Umbau auf Normalspur. Ereignisse aus dem letzten Jahrzehnt ergänzen die Geschichte.
28,5 x 22,5 cm, 256 S., 331 s/w, 186 Farbfotos, 138 Zeichn., 22 Ak.
Preis: 34,80 €
ISBN 978-3-937496-47-4

Text-Bild-Band
Zeitdokumente
aus vier Jahrzehnten Eisenbahnfotografie
Thomas Böttger
Dieser Bildband zeigt die Entwicklung des Verkehrsmittels Eisenbahn und seiner Umgebung in Vergleichsaufnahmen von der Zeit der DDR-Reichsbahn bis in die Gegenwart. Band 1 widmet sich den Normal- und Schmalspurstrecken in Sachsen.
28,5 x 22,5 cm, 208 Seiten, 135 s/w und 539 Farbfotos
Preis: 29,80 €
ISBN 978-3-937496-66-5

Text-Bild-Band
Eisenbahnen auf Usedom
Bernd Kuhlmann
In diesem bisher umfangreichsten Band über den Eisenbahnbetrieb auf Usedom widmet sich ein Kapitel auch dem Raketenversuchszentrum in Peenemünde. Zahlreiche Bilder aus allen Zeitepochen ermöglichen dem Leser in die Geschichte der Ostseeinsel und des Schienenverkehrs einzutauchen.
28,5 x 22,5 cm, 192 S., 185 s/w und 154 Farbf., 87 Zeichn. u. Pläne
Preis: 29,80 €
ISBN 978-3-937496-75-7

Weitere Titel und Einzelheiten sowie Kalender finden Sie unter www.boettger-bildverlag.de.

Gag 56353 (63,1) Colditz—Zwickau (Sachs) Hbf

Hg max 60 km/h
Tfz 50.3, b Bedarf + Vl 110

920 t H, b Bedarf 1450 t H

Mbr 42

Gag 56355 **Mo Mi Do** **(63,1)** Colditz—Lugau
Gag 56355 **Di** **(63,1)** Colditz—Plauen (Vogtl) ob Bf
Gag 56355 **Fr Sa** **(63,1)** Colditz—Zwickau (Sachs) Hbf
Gag 56355 **So** **(63,1)** Colditz—Glauchau (Sachs)

Hg max 60 km/h
Tfz 112, ab Ro 50.3

○ 920 t H

Mbr 42

			56353		56355			
1	2	3	4	5	4	5	4	5
56,8	40	**Großbothen**						
		55,84						
	20							
		55,80						
53,2		Abzw Leisenau §						
49,1	50	Colditz	—	**11^{29}**	—	**11^{53}**		
44,7		Lastau §	—	**37**	—	**12^{02}**		
		39,45						
39,2	40	**Rochlitz (Sachs)**	**11^{45}**+	**52**	**12^{12}**+	**14^{24}**		
		38,90						
	50							
32,0		**Wechselburg**	—	**12^{06}**	—	**38**		
	40							
27,5		Lunzenau §	—	**14**	—	**46**		
	50							
		18,70						
18,5	40	**Penig**	**12^{29}**+	**31**	**15^{01}**+	**15^{11}**		
		18,10						
	50							
		16,90						
	30							
		15,90						
7,4	50	Waldenburg (Sachs)	—	**47**	—	**27**		
−0,6		**Glauchau (Sachs)**	**12^{57}**+	**14^{13}**	**15^{38}**+	a)		

○ Bf Rochlitz (Sachs) Einfsig
a) Abfahrt an Di Fr Sa **16^{36}**, Mo Mi Do: **16^{35}**

aus: Buchfahrplan Heft 327-23 1986/87

2x Gag in Wolkenburg

F. Göttxe

SCHAUBEK